HANNAH

Também
eu
danço

POEMAS (1923-1961)

ARENDT

TRADUÇÃO **DANIEL ARELLI**
Edição bilíngue

/re.li.cá.rio/

7   **Arendt poeta**
    Daniel Arelli

15 **Poemas** [1923-1926]

59 **Poemas** [1942-1961]

165 **Sobre os poemas de Hannah Arendt**
    Irmela von der Lühe

187 **Notas do editor alemão**

191 **Edições anteriores**

193 **História de transmissão e impressão dos poemas**

229 **Índice dos poemas**

Arendt poeta

DANIEL ARELLI[1]

Pela primeira vez o público leitor de língua portuguesa tem acesso à totalidade da produção poética de Hannah Arendt. Embora estejam disponíveis traduções ao português de alguns poemas esparsos da autora, não raro em artigos acadêmicos e como suporte de interpretações de sua produção teórica, só agora vêm a público em português, coligidos, todos os 71 poemas produzidos por Arendt no decorrer de sua vida. Esse aparente atraso – afinal, a pensadora faleceu há quase meio século – não é uma singularidade do mercado editorial brasileiro ou lusófono. Mesmo na Alemanha, terra natal da autora e em cuja língua foram escritos os poemas aqui traduzidos, a produção poética de Arendt só encontrou em 2015 sua edição definitiva (que serve de base a este livro).

Esse fato se deve a uma série de razões, não por último a procedência e o destino incerto de vários desses textos. Com efeito, a produção poética de Hannah Arendt se deu de forma bastante intermitente e irregular no decurso de sua vida. Dos 71 poemas que chegaram até nós, Arendt compôs os 21 primeiros entre 1923 e 1926, quando mal entrara na idade adulta – ela nasceu em 1906 – e se encontrava em intensa relação (e correspondência)

---

1. Daniel Arelli nasceu em Belo Horizonte, em 1986. É doutor em filosofia pela Universidade de Munique e professor da Universidade do Estado de Minas Gerais (UEMG). Publicou os livros de poemas *Lição da matéria* (Prêmio Paraná de Literatura 2018), *Pavilhão* (Macondo, 2020) e *O pai do artista* (Círculo de poemas, 2022), além de livros e artigos sobre estética e sobre filosofia moderna e contemporânea. Traduziu textos de Alain Badiou, Martin Heidegger, Walter Benjamin, Theodor W. Adorno, Hans Magnus Enzensberger, entre outros. É um dos editores da *Ouriço: Revista de poesia e crítica cultural*.

com o filósofo Martin Heidegger, o destinatário ideal e provavelmente também grande inspirador dessas composições de juventude. Já as demais 50 peças poéticas foram compostas de forma mais esparsa entre 1942 e 1961, e acompanharam diferentes momentos da vida e da produção intelectual da autora. De 1962 a 1975, em seus últimos 13 anos de vida, portanto, a filósofa não mais escreveu poemas. Ao menos até 1954, como se pode verificar nas "Notas do editor alemão" e na "História de transmissão e impressão dos poemas", presentes ao final deste volume, Arendt, via de regra, compunha seus poemas em diários, cadernos de notas e correspondências, e depois os retrabalhava à máquina. "Permanece em aberto", como afirma Irmela von der Lühe no posfácio a este livro, "se ela o fez com a intenção de publicá-los". A partir de 1954, há apenas os registros manuscritos dos poemas em seus diários e cadernos de notas.

Até a edição alemã de 2015 de *Também eu danço*, uma boa parcela dessa produção havia sido publicada de forma parcial e dispersa em diferentes correspondências, biografias, diários e catálogos de ou sobre Arendt. Os textos originais, por sua vez, ou ao menos as versões retrabalhadas à máquina, encontram-se distribuídos em dois convolutos com poemas e em alguns cadernos de notas presentes no espólio de Hannah Arendt na *Library of Congress*, em Washington D.C., e no Arquivo Alemão de Literatura, em Marbach. Dos 71 poemas, 8 vieram a lume pela primeira vez apenas em 2015, com a edição alemã de *Também eu danço*, e outros 11 haviam sido publicados somente em versões não retrabalhadas por Arendt.

É evidente que essa tortuosa história de produção, transmissão e impressão dos poemas de Hannah Arendt impactou também sua recepção. Se comparada com a vasta recepção de sua produção teórica, não restarão dúvidas de que permanece ainda por realizar uma apreciação satisfatória tanto de sua obra poética quanto das relações entre sua produção teórica e poética. Mais ainda, talvez falte sobretudo uma apreciação de sua obra poética não apenas *a partir* ou *em função* das declarações da autora sobre poesia – pois dizer que ela desenvolveu algo como uma "filosofia" ou uma "teoria da poesia" será certamente excessivo –, mas que assuma seu trabalho poético por si mesmo, em pleno direito. Em função dessa história e de como ela se reflete nos poemas, aliás, mesmo seu estatuto de "obra poética" em sentido forte permanece ainda em aberto.

Também no caso de Arendt parecem vir à tona as costumeiras questões que se dirigem ao trabalho de teóricas e teóricos que se ocuparam do exercício da palavra poética: era poeta de fato ou apenas versejador ocasional? Sua poesia é relevante como poesia ou apenas em função de sua produção teórica? Em que medida a produção teórica e a poética se complementam, contradizem, iluminam, ilustram ou se ignoram mutuamente? Em cada um desses casos, como avaliar o sentido dessa relação tanto para a teoria quanto para a poesia? O que dizer da relação entre as tradições poéticas e teóricas às quais sua produção se filia, explícita ou implicitamente? Pode-se dizer que o trato com a palavra poética impactou de maneira essencial sua produção teórica, e vice-versa? Sua produção contribui decisivamente para relativizar (ou reafirmar) o antigo *tópos* segundo o qual haveria um abismo tendencialmente intransponível entre poesia e pensamento conceitual? E assim por diante. Que a publicação deste *Também eu danço* agora em português brasileiro possa contribuir para que leitores se lancem ao mar aberto dessas questões poético-filosóficas – as quais, bem entendido, dizem respeito imediatamente à obra de Hannah Arendt, mas também a transcendem.

Pelas razões esboçadas acima, o tradutor da poesia de Hannah Arendt não pode se valer de uma interpretação crítica consolidada de sua produção que ofereça diretrizes ou orientações sólidas para o projeto tradutório. Sintoma disso é a considerável diversidade de projetos tradutórios que emana das diferentes versões disponíveis em língua inglesa, francesa, espanhola e italiana consultadas na realização da presente tradução. Em particular, nota-se aquela conhecida discrepância entre projetos que procuram respeitar minimamente os contratos formais da poesia a ser traduzida, de um lado, e aqueles projetos que tendencialmente os ignoram em função de uma maior comunicabilidade de seu conteúdo, de outro. No caso da poesia de Arendt, salta aos olhos que a maior parte dos projetos tradutórios tende a seguir essa segunda alternativa, ainda que de maneiras muito distintas. Para além da eventual perícia ou imperícia do tradutor, o que parece subjazer a essa decisão é uma tendência a ler a poesia arendtiana mais em função da produção teórica da autora, como se a verdade de sua palavra poética fosse sua dimensão conceitual, e não tanto a inextricabilidade entre forma e conteúdo, entre o *como* e o *quê* que parece singularizar o poema dentre outras formas de discurso verbal. Em se tratando de Hannah Arendt, não creio que essa opção tradutória seja inteiramente ilegítima. Com efeito, é inegável que um dos grandes interesses de sua poesia se encontra na sua eventual interface com o pensamento teórico. Assim, parece razoável conjecturar que os leitores estarão interessados, ao menos a princípio, em procurar nesses versos elementos de possível diálogo com a teoria, o que talvez justifique decisões tradutórias que privilegiem a comunicabilidade do conteúdo em detrimento da forma.

No entanto, essa não foi a decisão – ao menos majoritariamente – que guiou a presente tradução. Para além do fato de que Arendt, em termos teóricos, efetivamente parecia subscrever a posição de que haveria algo como um "pensamento poético" *sui generis* que se consolidaria também em uma radical *condensação* – que, em alemão, é quase outro nome para a poesia – da linguagem, é patente que sua compreensão *prática* do poema passa antes de tudo pelo estabelecimento de contratos formais – sobretudo de metro e rima – mais ou menos estritos (e não raro convencionais). É provável que essa compreensão prática esteja antes amparada nas leituras, vivências e preferências em poesia da autora – que fora estudante de filologia clássica e leitora ávida de Goethe, Heine e Rilke – do que no desenvolvimento reflexivo de uma poética própria e, digamos, realmente atenta às inovações e conquistas da poesia de seu tempo. De qualquer maneira, a partir da convicção de que a poesia de Arendt se compreende, antes de qualquer coisa, como um exercício de formalização e condensação, a presente tradução optou por tentar respeitar suas próprias normas internas na medida do possível.

Mas reitere-se: *na medida do possível*. A tradução poética é sempre um exercício de equilibrista, um equilíbrio fortemente instável – e por vezes duvidoso – entre vários elementos, de modo que não raro algum deles teve de ser sacrificado em função de outros que pareceram mais relevantes em algum poema ou contexto específico. Por exemplo: ocasionalmente tive de alargar o metro de Arendt para acomodar em português o que seu verso me parecia conter de essencial; outras vezes me vi compelido seja a alterar pontualmente seu esquema de rimas, seja a sacrificar rimas específicas por razões variadas (como a fluidez ou a sonoridade final do poema em português, ou mesmo a comunicabilidade do conteúdo); e assim por diante. Ademais, a própria poeta se permite com frequência certa liberdade pontual em relação às normas formais internas de determinado poema, o que muniu também o tradutor de alguma liberdade suplementar em certos casos. Mas, como regra geral, o horizonte da tradução foi a tentativa de procurar a dicção poética arendtiana *através* de suas escolhas formais. Talvez seja possível argumentar, e essa é a impressão que acometeu este tradutor repetidas vezes no curso dos anos de convivência com a poesia de Hannah Arendt, que o que há de mais próprio em sua dicção poética não se revela apenas *através*, mas também (e talvez sobretudo) *apesar* da forma – isto é, que sua voz poética vem à tona de maneira mais límpida quando o império da forma, que por vezes é francamente *fôrma*, parece vacilar. Talvez certos poemas tardios, nos quais Arendt se permite ensaiar um verso mais livre, se prestem mais facilmente a essa percepção. De qualquer maneira, ainda que esta seja uma impressão correta sobre a produção poética arendtiana, o leitor só poderá desenvolvê-la e verificá-la se também ele tiver acesso à experiência de sua poesia como exercício de formalização.

Uma consequência dessas decisões tradutórias foi, acredito, a produção de uma tradução não particularmente "domesticadora" em relação ao universo do português brasileiro atual e da poesia brasileira contemporânea. Em outros termos, não procurei tornar a poesia de Arendt forçosamente mais acessível (ou palatável) ao leitor brasileiro ou mais próxima às grandes tendências da poesia brasileira de nosso tempo. É evidente que toda tradução implica alguma dosagem de "domesticação", mas não me esforcei voluntariamente para produzi-la na maior parte dos casos. Permanecem, por exemplo, a dicção singela e talvez algo pueril de alguns de seus poemas de juventude, assim como o tom metafísico e grandiloquente de certos textos da fase adulta;

as construções por vezes elevadas, por vezes aparentemente antiquadas de sua linguagem; o manejo de uma imagética que remonta ocasionalmente à poesia romântica; o aspecto amador de alguns exercícios formais e esquemas de rimas; e assim por diante. Intervir de forma mais radical sobre esses componentes significaria, do ponto de vista das escolhas tradutórias tomadas aqui, perder o que esses poemas apresentam de mais relevante – ao menos no momento atual de sua recepção.

Por fim, quero agradecer a todas as pessoas que participaram do processo de tradução deste livro. Em primeiro lugar, à minha querida amiga e editora Maíra Nassif, não apenas pela confiança e pelo honroso convite que me fez para traduzir este volume, mas também pela enorme compreensão e paciência que teve diante do tempo de convivência com os poemas exigido por este trabalho. Dentre as pessoas que leram versões preliminares desta tradução, gostaria de mencionar sobretudo Ana Martins Marques, com quem tive o privilégio de discutir repetidas vezes acerca de decisões tradutórias específicas. Patrícia Lavelle também fez sugestões preciosas em relação a vários poemas. Recorri dezenas de vezes a Solveig Bostelmann sobre dúvidas de vocabulário e construções do alemão de Arendt. Gostaria de agradecer ainda a Maria Fernanda Moreira e Thiago Landi, incríveis profissionais do texto que me ajudaram enormemente com as diferentes versões do manuscrito.

Gedichte [1923-1926]

Poemas [1923-1926]

1.
[Ohne Titel]

Kein Wort bricht ins Dunkel –
Kein Gott hebt die Hand –
Wohin ich auch blicke
Sich türmendes Land.

Keine Form, die sich löset,
Kein Schatten, der schwebt.
Und immer noch hör ich's :
Zu spät, zu spät.

1.
[**Sem título**]

Palavra alguma ilumina –
Deus nenhum levanta a mão –
até onde alcança a vista
vejo terra em vastidão.

Sombra nenhuma se move,
forma alguma se desfaz.
E mais uma vez eu ouço:
é tarde, tarde demais.

2.
Im Volksliedton

Sehn wir uns wieder,
Blüht weisser Flieder,
Ich hüll Dich in Kissen,
Du sollst nichts mehr missen.

Wir wollen uns freun,
Dass herber Wein,
Dass duftende Linden
Uns noch beisammen finden.

Wenn Blätter fallen,
Dann lass uns scheiden.
Was nützt unser Wallen ?
Wir müssen es leiden.

2.
Em tom de cantiga popular

De novo nos vemos
e abrem-se os lírios
te envolvo entre sedas
que cessem as perdas.

É pura alegria
que a suave tília
e que o vinho forte
unam nossa sorte.

Quando murcham as flores
vem a despedida.
Pra que tantas dores?
Essa é a nossa lida.

3.
Trost

Es kommen die Stunden,
Da alte Wunden,
Die längst vergessen,
Drohn zu zerfressen.

Es kommen die Tage,
Da keine Waage
Des Lebens, der Leiden
Sich kann entscheiden.

Die Stunden verrinnen,
Die Tage vergehen.
Es bleibt ein Gewinnen:
Das blosse Bestehen.

3.
Consolo

Há certas horas
em que as feridas
já esquecidas
voltam à vida.

Há certos dias
em que as medidas
das dores, da vida
restam indecididas.

Escorrem as horas,
transcorrem os dias.
Só resta a presença
da mera existência.

4.
Traum

Schwebende Füsse in pathetischem Glanze.
Ich selbst,
Auch ich tanze,
Befreit von der Schwere
Ins Dunkle, ins Leere.
Gedrängte Räume vergangener Zeiten,
Durchschrittene Weiten,
Verlorene Einsamkeiten
Beginnen zu tanzen, zu tanzen

Ich selbst,
Auch ich tanze.
Ironisch vermessen,
Ich hab nichts vergessen,
Ich kenne die Leere,
Ich kenne die Schwere,
Ich tanze, ich tanze
In ironischem Glanze

4.
Sonho

Pés flutuando em brilho patético.
Eu mesma,
também eu danço
livre do peso
no escuro, no imenso.
Espaços cerrados de eras passadas
distâncias trilhadas
solidões dissipadas
começam a dançar, a dançar.

Eu mesma,
também eu danço.
Irônica e destemida
de nada esquecida
eu conheço o imenso
eu conheço o peso
eu danço, e danço
em brilho irônico.

5.
Müdigkeit

Dämmernder Abend –
Leise verklagend
Tönt noch der Vogel Ruf
Die ich erschuf.

Graue Wände
Fallen hernieder,
Meine Hände
Finden sich wieder.

Was ich geliebt
Kann ich nicht fassen,
Was mich umgibt
Kann ich nicht lassen.

Alles versinkt.
Dämmern steigt auf.
Nichts mich bezwingt –
Ist wohl des Lebens Lauf.

5.
Cansaço

Crepúsculo lento –
um leve lamento
canta ainda o melro
que eu reinvento.

Paredes sombrias
enfim vão ao chão
de novo se aliam
minhas duas mãos.

O que eu amava
não posso tocar
e o que me rodeia
não posso deixar.

Crepúsculo vem
e tudo decai.
Nada me detém –
vida que vai.

6.
Die Untergrundbahn

Aus Dunkel kommend,
Ins Helle sich schlängelnd,
Schnell und vermessen,
Schmal und besessen
Von menschlichen Kräften,
Aufmerksam webend
Gezeichnete Wege,
Gleichgültig schwebend
Über dem Hasten,
Schnell schmal und besessen
Von menschlichen Kräften,
Die es nicht achtet,
Ins Dunkle fliessend
Um Oberes wissend
Fliegt es sich windend
Ein gelbes Tier.

6.
O metrô

Emerge do escuro,
vagueia no claro,
rápido e rasteiro,
fino e tomado
por poderes humanos,
atento tecendo
cursos marcados,
altivo e suspenso
por sobre os trilhos,
fino e tomado
por poderes humanos
que não se atentam
que, fluindo no escuro,
ciente do mais alto,
voa torcendo-se
um animal amarelo.

7.
Abschied

Nun lasst mich, o schwebende Tage, die Hände Euch reichen.
Ihr entfliehet mir nicht, es gibt kein Entweichen
Ins Leere und Zeitenlose.

Doch legt eines glühenden Windes fremderes Zeichen
Sein Wehen um mich ; ich will nicht entweichen
In die Leere gehemmter Zeiten.

Ach, Ihr kanntet das Lächeln, mit dem ich mich schenkte.
Ihr wusstet, wie vieles ich schweigend verhängte,
Um auf Wiesen zu liegen, und Euch zu gehören.

Doch jetzt ruft das Blut, das nimmer verdrängte
Hinaus mich auf Schiffe, die niemals ich lenkte.
Der Tod ist im Leben, ich weiss, ich weiss.

So lasst mich, o schwebende Tage, die Hände Euch reichen.
Ihr verlieret mich nicht. Ich lass Euch zum Zeichen
Dies Blatt und die Flamme zurück.

7.
Despedida

Deixem-me dar-lhes a mão, dias etéreos.
Vocês não escapam, não há atalho
através do vazio e atemporal.

Mas um estranho sinal desta ardente brisa
logo me alcança; não quero saída
pelo vazio de tempos bloqueados.

Vocês viram o riso com que me entreguei.
Sabiam o quanto eu, em silêncio, ocultei,
para deitar na relva e estar com vocês.

E agora o sangue, que nunca reprimi,
me chama ao barco que jamais conduzi.
A morte é na vida, eu sei, eu sei.

Deixem-me dar-lhes a mão, dias etéreos.
Vocês não me perderão. Como gesto
deixarei esta folha, esta flama.

8.
[Ohne Titel]

Geh durch Tage ohne Richt.
Spreche Worte ohne Wicht.
Leb im Dunkeln ohne Sicht.

Bin im Leben ohne Steuer

Über mir nur ungeheuer
Wie ein grosser schwarzer neuer
Vogel : Das Gesicht der Nacht.

8.
[**Sem título**]

Percorro os dias sem rumo
falo palavras sem sumo
vivo no escuro sem prumo

estou na vida sem leme

sobre mim só o monstruoso
como um grande, negro, novo
pássaro: o rosto da noite.

9.
An . . .

Nimm meiner Wünsche schwere Last.
Das Leben ist weit und ohne Hast.
Es gibt viel Länder der Welt
Und viele Nächte im Zelt.
    Wer weiss denn eine Waage
    Des Lebens der Leiden ?
    Vielleicht wird in späten Tagen
    Sich dies alles scheiden.

9.
A...

Toma do meu desejo o que pesa.
A vida é grande e sem pressa.
Há muitos povos na Terra
e muitas noites na tenda.
>Quem conhece a medida
>das dores da vida?
>Talvez ainda algum dia
>isso se decida.

10.
[Ohne Titel]

Das ist nicht Glück,
Wie die es meinen,
Die betteln, weinen,
Und zu Tempeln streben
Und von dem Vorhof aus die Andacht sehen,
Und eine Weihe, die sie nicht verstehen
Mit bösem Blick sich wenden dann zurück
Und klagen über ein verlorenes Leben.

Was ist Glück dem,
Der mit sich selbst geeint ist,
Des Fuss nur stösst,
Wo es für ihn gemeint ist,
Für den Sich-Kennen Grenze ist und Recht,
Für den Sich-Nennen Zeichen im Geschlecht.

10.
[**Sem título**]

Felicidade
não é o que pensam
os que rogam, choram
e que vão aos templos
para observar os ritos à distância
e as sagrações com ignorância
e então virar as costas com maldade
e lamentar uma vida de errância.

Felicidade
o que ela será
para quem se encontra em paz
vivendo em seu próprio lugar,
para quem tem o direito de se conhecer
e pode se dar o nome que quiser?

11.

Dämmerung

Dämmerung, Sinkende,
Harrende, Winkende, –

Grau ist die Flut.

Dämmerung, Schweigende,
Lautlos dich Neigende,
Mahnende, Klagende,
Lautloses Sagende –

Grau ist die Flut.

Dämmerung, Tröstende,
Mildernde, Heilende,
Dunkles Weisende,
Neues Umkreisende, –

Grau ist die Flut.

11.

Crepúsculo

Crepúsculo que cai,
acena, demora –

Cinza é a maré.

Crepúsculo que cala,
em silêncio declina,
conclama, reclama,
em silêncio proclama –

Cinza é a maré.

Crepúsculo que consola,
modera, cura,
aponta na treva
uma órbita nova –

Cinza é a maré.

12.

In sich versunken

Wenn ich meine Hand betrachte
– Fremdes Ding mit mir verwandt –
Stehe ich in keinem Land,
Bin an kein Hier und Jetzt
Bin an kein Was gesetzt.

Dann ist mir als sollte ich die Welt verachten,
Mag doch ruhig die Zeit vergehen.
Nur sollen keine Zeichen mehr geschehen.

Betracht ich meine Hand,
Unheimlich nah mir verwandt.
Und doch ein ander Ding.
Ist sie mehr als ich bin
Hat sie höheren Sinn ?

12.
Absorta em si

Quando observo minha mão
– coisa alheia e familiar –
não estou em nenhum lugar
em nenhum aqui e agora
nem depois e nem outrora.

Penso então com desprezo no mundo,
que o tempo flua, que passe tudo
sem um só sinal, em absoluto.

Observo minha mão
próxima e infamiliar,
mas uma coisa só.
Ela é maior do que eu sou?
Tem sentido superior?

13.
Sommerlied

Durch des Sommers reife Fülle
Lass ich meine Hände gleiten.
Meine Glieder schmerzhaft weiten
Zu der dunklen, schweren Erde.

Felder, die sich tönend neigen
Pfade, die der Wald verschüttet
Alles zwingt zum strengen Schweigen :
Dass wir lieben, wenn wir leiden,

Dass das Opfer, dass die Fülle
Nicht des Priesters Hand verdorre,
Dass in edler klarer Stille
Uns die F r e u d e nicht ersterbe.

Denn die Wasser fliessen über,
Müdigkeit will uns zerstören
Und wir lassen unser Leben
Wenn wir lieben, wenn wir leben.

13.
Canção de verão

Escorrego a minha mão
na fartura do verão.
Meu corpo tão dolorido
encontra o solo batido.

Sonoros inclinam-se os campos
veredas que a mata enterra
e tudo é mudez austera:
que é ao sofrer que amamos,

Que nem fartura nem carência
atrofiem a fé e a crença.
Que na quietude acesa
a a l e g r i a não pereça.

A água do pote entorna
o cansaço atormenta
e esta vida abandonamos
quando somos, quando amamos.

14.
[Ohne Titel]

Warum gibst Du mir die Hand
Scheu und wie geheim?
Kommst Du aus so fernem Land,
Kennst nicht unseren Wein?

Kennst nicht unsere schönste Glut
– Lebst Du so allein? –
Mit dem Herzen, mit dem Blut
Eins im andern sein?

Weisst Du nicht des Tages Freuden
Mit dem Liebsten gehen?
Weisst Du nicht des Abends Scheiden,
Ganz in Schwermut gehen?

Komm mit mir und hab mich lieb,
Denk nicht an Dein Graun,
Kannst Du Dich denn nicht vertraun,
Komm und nimm und gib.

Gehen dann durchs reife Feld
– Mohn und wilder Klee –
Später in der weiten Welt
Tut es uns wohl weh,

Wenn wir spüren, wie im Wind
Stark Erinnerung weht.
Wenn im Schauder, traumhaft lind
Unsere Seele weht.

14.
[Sem título]

Por que me estendes a mão
secreto, sozinho?
É tão longe a tua nação
que ignoras nosso vinho?

Ignoras nossa bela paixão
– vives assim tão só? –
poder, em sangue e coração,
no outro, ser um só?

Sabes que a alegria do dia
é ir com o amado?
Sabes que a dor da madrugada
é ir desconsolado?

Quer-me bem, vem cá,
esquece o teu medo,
não podes confiar em ti,
vem, e recebe, e dá.

Andemos pelo campo dourado
– lótus e papoula bruta –
depois, neste mundo vasto,
veremos como nos machuca

quando sentimos que o vento
forte lembrança sopra.
Quando sentimos o lamento
doce que a alma sopra.

15.
Abschied

Du gibst uns die Trauer, dass nichts uns verweilet,
Und schenkst uns die Hoffnung, wie Vieles sich eilet.
Du bist uns das Zeichen für Freude und Schmerzen
Du zeigst uns die Wege und öffnest die Herzen.

Du fügest zusammen, wie nie unsere Hände
Wir glauben an Treue und fühlen die Wende
Wir können nicht sagen, wie sehr wir uns einen.
Wir können nur weinen.

15.
Despedida

De ti vem o luto, pois nada dura,
e a esperança de que tudo flua.
Tu és signo de dor e de alegria,
abres nosso peito, mostras a via.

Juntas nossas mãos como nunca antes
somos leais e vivemos no instante
mal podemos dizer quão juntos estamos
apenas choramos.

16.
Spätsommer

Der Abend hat mich zugedeckt
So weich wie Samt, so schwer wie Leid.

Ich weiss nicht mehr, wie Liebe tut
Ich weiss nicht mehr der Felder Glut
Und alles will entschweben,
Um nur mir Ruh zu geben.

Ich denk an ihn und hab ihn lieb,
Doch wie aus fernem Land
Und fremd ist mir das Komm und Gib,
Kaum weiss ich, was mich bannt.

Der Abend hat mich zugedeckt
So weich wie Samt, so schwer wie Leid.
Und nirgends sich Empörung reckt
Zu Neuer Freud und Traurigkeit.

Und alles Weiter, das mich rief
Und alles Gestern klar und tief
Kann mich nicht mehr betören.

Ich weiss ein Wasser gross und fremd
Und eine Blum, die keiner nennt.
Was soll mich noch zerstören ?

Der Abend hat mich zugedeckt
So weich wie Samt, so schwer wie Leid.

16.
Fim de verão

A noite cobriu minha vida
dura como dor, tenra como seda.

Já não sei como o amor funciona
já não sei como o campo cintila
e tudo paira no ar
para me tranquilizar.

Penso nele e quero tanto seu bem
mas como se à distância.
É tão estranho esse vai e vem
mal conheço essa ânsia.

A noite cobriu minha vida
dura como dor, tenra como seda.
E em nenhuma parte a ira
torna-se aflição ou alegria.

E tudo o que me chama, e vem
e todo o ontem, claro e além
não pode mais me enganar.

Conheço águas grandes e estranhas
e uma flor que ninguém adivinha.
O que me pode arrasar?

A noite cobriu minha vida
dura como dor, tenra como seda.

17.
Oktober – Vormittag

Dies fahle Licht des Herbstes macht mich leiden
Und wenn ich langsam meine tausend Schmerzen zähle
Lässt es mein Auge trüben Blicks sich weiden
An Allem, was ich heimlich seh und wähle

Ach wer will wägen was er nicht erfasset –
Und wer will sagen, was erst spät sich scheidet –
Denn wie mit beiden Händen er es fasset
Weiss er nicht mehr warum er es noch leidet

17.
Outubro – De manhã

Essa pálida luz de outono me faz penar
e à medida que conto mil tormentos
a visão se embaça e deixa-se guiar
por tudo que eu vejo e escolho em segredo

Ah, quem quer medir o que sequer entende –
e quer dizer o que só discerne tarde –
pois quando ele o toca com as mãos, bem rente,
não sabe por que essa dor ainda sente

18.
Klage

Ach, die Tage, sie verfliegen ungenützt dahin wie Spiel.
Und die Stunden, sie erliegen ungeschützt dem Qualenspiel

Und der Zeiten Auf und Nieder
Gleitet leise durch mich hin,
Und ich sing die alten Lieder,
Weiss nicht mehr als zu Beginn.

Und ein Kind kann nicht verträumter gehn den vorgeschriebenen
 [Gang
Und ein Greis kann nicht geduldger wissen, dass das Leben lang.

Doch das Leid will nicht beschwichten
Alte Träume, junge Weisheit.
Und es lässt mich nicht verzichten
Auf des Glückes schöne Reinheit.

18.
Lamento

Ah, os dias, eles escorrem inúteis como num jogo de azar!
E as horas, elas sucumbem fáceis ao jogo do penar!

E o vai e vem do tempo
doce desliza por mim
e canto velhos lamentos
de que não sei mais o fim.

E um menino vai em sonho, vai pela estrada prescrita,
e um ancião tem paciência, sabe como é longa a vida.

Mas a dor não quer levar
velhos sonhos, nova sabedoria.
E não me deixa abdicar
da pureza da alegria.

19.
An die Freunde

Trauet nicht der leisen Klage,
Wenn der Blick des Heimatlosen
Scheu Euch noch umwirbt.
Fühlt, wie stolz die reinste Sage
Alles noch verbirgt.

Spürt der Dankbarkeit und Treue
Zartestes Erbeben.
Und Ihr wisst : in steter Neue
Wird die Liebe geben.

19.
Aos amigos

Não confiem no baixo lamento
se o olhar do apátrida
tímido os envolve.
Sintam o brio do dizer autêntico
que a tudo encobre.

Sintam o terremoto ameno
que a fidelidade evoca.
E saibam: é sempre novo
o amor que nos toca.

20.
An die Nacht

Neig Dich, Du Tröstende, leis meinem Herzen.
Schenke mir, Schweigende, Lindrung der Schmerzen.
Deck Deine Schatten vor Alles zu Helle –
Gib mir Ermatten und Flucht vor der Grelle.

Lass mir Dein Schweigen, die kühlende Löse,
Lass mich im Dunkel verhüllen das Böse.
Wenn Helle mich peinigt mit neuen Gesichten ;
Gib Du mir die Kraft zum steten Verrichten.

20.
À noite

Consoladora, inclina-te em meu peito.
Silenciosa, alivia meu tormento.
Cobre o que cintila com tuas trevas –
Dá-me refúgio contra a luz que cega.

Deixa-me teu silêncio, o alívio denso,
deixa-me ocultar na sombra o perverso.
Se a luz com novas faces me atormenta,
dá-me o ímpeto para a ação correta.

21.

Nachtlied

Nur die Tage laufen weiter,
Lassen unsere Zeit verstreichen.
Stets dieselben dunklen Zeichen
Wird die Nacht uns stumm bereiten.

Sie muss stets dasselbe sagen
Auf dem gleichen Ton beharren,
Zeiget auch nach neuem Wagen
Immer nur, was wir schon waren.

Laut und fremd verlockt der Morgen,
Bricht den dunklen stummen Blick
Gibt mit tausend neuen Sorgen
Uns dem bunten Tag zurück.

Doch die Schatten werden bleiben,
Um den Tag sich scheu zu schliessen,
Lassen wir auf raschen Flüssen
Uns zu fernen Küsten treiben.

Unsere Heimat sind die Schatten,
Und wenn wir zutiefst ermatten,
In dem nächtlich dunklen Schoss
Hoffen wir auf leisen Trost.

Hoffend können wir verzeihn
Allen Schrecken, allen Kummer.
Unsere Lippen werden stummer –
Lautlos bricht der Tag herein.

21.
Canção noturna

Seguem passando os dias,
nosso tempo corre assim.
Com seus escuros sinais
a noite nos cala, enfim.

Ela fala em um só tom
e tem uma só mensagem.
Pouco importa o quanto ousamos,
mostra nossa mesma imagem.

A manhã com seus ruídos
rompe os escuros olhares.
Com mil afazeres novos
dá um novo dia aos lares.

Mas as sombras permanecem
e esquivas fecham o dia.
Deixem-nos por rios céleres
deslizar até outras vias.

Nossa pátria são as sombras
e quando estamos cansadas
a noite e seu escuro colo
nos oferecem consolo.

Com esperança perdoamos
o pavor e a agonia.
Nossos lábios ficam mais mudos –
em silêncio irrompe o dia.

Gedichte [1942-1961]

Poemas   [1942-1961]

22.
W. B.

Einmal dämmert Abend wieder,
Nacht fällt nieder von den Sternen,
Liegen wir gestreckte Glieder
In den Nähen, in den Fernen.

Aus den Dunkelheiten tönen
Sanfte kleine Melodeien.
Lauschen wir uns zu entwöhnen,
Lockern endlich wir die Reihen.

Ferne Stimmen, naher Kummer – :
Jene Stimmen jener Toten,
Die wir vorgeschickt als Boten
Uns zu leiten in den Schlummer.

22.
W. B.

E a noite cairá de novo,
cairá do céu estrelado.
Com os braços em repouso
tocamos longe, aqui ao lado.

Da escuridão nós ouvimos
melodias tão amenas.
Com elas nos despedimos
e rompemos as fileiras.

Vozes longe, ao lado as dores:
os mortos e suas vozes,
emissários que enviamos
para nos guiar ao sono.

23.
[Ohne Titel]

Recht und Freiheit
Brüder zagt nicht
Vor uns scheint das Morgenrot.
Recht und Freiheit
Brüder wagt es
Morgen schlagen wir den Teufel tot.

Von den Bergen
Aus den Tälern
Schleppt am Fuss das Bleigewicht ;
Recht und Freiheit
Brüder fragt nicht
Wir nun sind das Weltgericht.

Weite Länder
Enge Gassen
Brüder das ist unser Schritt.
Weinen, Lachen
Lieben Hassen
Alle Götter ziehen wir mit.

23.
[Sem título]

Justiça e Liberdade
irmãos, não temam!
Diante de nós brilha a manhã.
Justiça e Liberdade
irmãos, coragem!
Amanhã vencemos satã.

Sobre os montes
desde os vales
arrastem o prumo de metal.
Justiça e Liberdade,
irmãos, avante!
Somos o Juízo Final.

Terras amplas
ruas estreitas
irmãos, esse é o nosso passo!
Rir, chorar
amar e odiar
os deuses estão do nosso lado.

24.
[Ohne Titel]

Aufgestiegen aus dem stehenden Teich der Vergangenheit
Sind der Erinn'rungen viele.
Nebelgestalten ziehen die sehnsüchtigen Kreise meiner
 [Gefangenheit
Vergangen, verlockend, am Ziele.

Tote, was wollt Ihr ? Habt Ihr im Orkus nicht Heimat und Stätte ?
Endlich den Frieden der Tiefe ?
Wasser und Erde, Feuer und Luft sind Euch ergeben, als hätte
Mächtig ein Gott Euch. Und riefe

Euch aus stehenden Wässern, aus Sümpfen, Mooren und Teichen
Sammelnd geeinigt herbei.
Schimmernd im Zwielicht bedeckt Ihr mit Nebel der Lebenden
 [Reiche,
Spottend des dunklen Vorbei.

Spielen wollen auch wir ; ergreifen und lachen und haschen
Träume vergangener Zeit.
Müde wurden auch wir der Strassen, der Städte, des raschen
Wechsels der Einsamkeit.

Unter die rudernden Boote mit liebenden Paaren geschmückt auf
Stehenden Teichen im Wald
Könnten auch wir uns mischen – leise, versteckt und entrückt auf
Nebelwolken, die bald

Sachte die Erde bekleiden, das Ufer, den Busch und den Baum,
Wartend des kommenden Sturms.
Wartend des aus dem Nebel, aus Luftschloss, Narrheit und Traum
Steigenden wirbelnden Sturms.

24.
[**Sem título**]

Enfim emergindo do lago estagnado do passado
são tantas as lembranças.
Figuras de névoa encerram-me em círculos saudosos
passados, exatos, aliciantes.

Mortos, o que quereis? Não encontrastes a pátria no Orcus?
No submundo, enfim, a paz?
Tendes água e terra, tendes fogo e ar, como se um deus
de vós se apossasse.

E vos convocasse de águas paradas, pântanos e lagos
enfim reunindo-vos.
Brilhais no crepúsculo e enevoais o reino dos vivos
zombando do Perdido.

Brincar também queremos; e abraçar, rir, relembrar
sonhos que foram em vão.
Das ruas também nos cansamos, e das cidades, de mudar
ao sabor da solidão.

Entre barcos a remo, de amantes ornamentados
em lagos estagnados,
também poderíamos fundir-nos – pacientes e calmos
em grandes nevoeiros

Que já vestirão a terra, a margem, a árvore e o arbusto
à espera da tempestade.
À espera da névoa, do castelo de ar, do sonho e da loucura
emerge a tempestade.

25.
Park am Hudson

Fischer fischen still an Flüssen
In der ganzen Welt.
Fahrer fahren blind auf Wegen
Um die ganze Welt.
Kinder laufen, Mütter rufen,
Golden liegt die Welt.
Geht ein liebend Paar vorüber
Manchmal durch die Welt.

Fischer fischen still an Flüssen
Bis zum Abendrot.
Fahrer fahren blind auf Wegen
Eilig in den Tod.
Kinder selig in der Sonne
Spielen Ewigkeit.
Manchmal geht ein Paar vorüber,
Mit ihm geht die Zeit.

Fischer fischen still an Flüssen –
Einsam hängt der Ast.
Fahrer fahren blind auf Wegen
Rastlos in die Rast.
Kinder spielen, Mütter rufen,
Ewigkeit ist fast.
Geht ein liebend Paar vorüber,
Trägt der Zeiten Last.

25.
Parque junto ao rio Hudson

Pescadores silenciosos
pescam pelo mundo.
Motoristas apressados
guiam pelo mundo.
Crianças correm, as mães chamam,
resplandece o mundo.
Duas pessoas ora se amam
através do mundo.

Pescadores silenciosos
pescam até a noite.
Motoristas apressados
guiam até a morte.
Crianças brincam à luz do sol
com a eternidade.
Duas pessoas ora se amam,
tempo é sua verdade.

Pescadores silenciosos –
pende um só ramo.
Motoristas apressados
correm pro descanso.
Crianças brincam, as mães chamam,
quase há eternidade.
Duas pessoas ora se amam,
todo tempo é grave.

26.
[Ohne Titel]

Die Traurigkeit ist wie ein Licht im Herzen angezündet,
Die Dunkelheit ist wie ein Schein, der unsere Nacht ergründet.
Wir brauchen nur das kleine Licht der Trauer zu entzünden,
Um durch die lange weite Nacht wie Schatten heimzufinden.
Beleuchtet ist der Wald, die Stadt, die Strasse und der Baum.
Wohl dem, der keine Heimat hat ; er sieht sie noch im Traum.

26.
[Sem título]

A tristeza é como uma luz em nosso peito acesa.
A escuridão é como brilho na nossa noite espessa.
Só temos de acender a pequena chama do luto
para voltar à casa como sombras no escuro.
Clara é a floresta, a rua, a árvore e a cidade.
Feliz quem não tem pátria e a vê em sonho em toda parte.

27.
[Ohne Titel]

Ich weiss, dass die Strassen zerstört sind.
Wo leuchtet die Wagenspur, die wunderbar unversehrte
aus antiken Trümmern hervor ?

Ich weiss, dass die Häuser gestürzt sind.
In sie traten wir in die Welt, wunderbar sicher, dass sie
beständiger als wir selbst.

Ob der Mond, den wir diesmal vergassen,
in seinem beständigeren Licht
der Pferde Hufe noch mitträgt
wie ein Echo aus des Flusses schweigendem Gesicht?

27.
[**Sem título**]

Sei que as ruas foram destruídas.
Onde brilha a trilha, maravilhosa e intocada
vinda de antigas ruínas?

Sei que as casas foram tombadas.
Por elas adentrávamos o mundo, maravilhoso e seguro
mais perenes do que nós.

E a lua, que desta vez esquecemos,
trará em sua luz permanente
ainda o casco do corcel
como um eco do rio, de sua face silente?

28.
Traum

Zwei Latten im Zaun,
zwei Wurzeln im Wald,
zwei Bäume verneigen sich
vor der Gestalt.

Im Rücken der Graben
und rechts das Gehege.
Die Lichtung entsteigt
der Biegung am Wege.

Vor mir die Wiese,
vor mir die Helle.
Woher kommt nur diese
vertrauteste Stelle?

Zwei Latten im Zaun,
zwei Wurzeln im Wald,
zwei Bäume bezeugen
des Traumes Gewalt.

28.
Sonho

Duas raízes no mato
duas ripas na cerca
dois troncos em arco
frente a um vulto.

Nas costas, a vala
ao lado, a cerca
da curva na trilha
emerge a clareira.

Aqui está o campo
aqui está o claro
como conheço tanto
este mesmo ponto?

Duas raízes na mata
duas ripas na cerca
dois troncos que marcam
a força de um sonho.

29.
[Ohne Titel]

Fluch.

In jeder Frau wirst Du mich misskennen,
in jeder Gestalt vergeblich mich nennen,
in jeder Ferne wirst Nähe Du wittern,
in jeder Ruhe wird Deine Hand zittern.

Und so kommt das Ende. Unendlich geschieden,
nicht morgen, nicht gestern, nicht heute. Hienieden
ist alles verwirkt in Gezeiten ;
Die warten unendlich auf leere Jenseitigkeiten.

Antwort.

In jeder Frau hab ich Dich misskannt,
in jeder Gestalt Dich vergeblich genannt,
in jeder Ferne Dich nah gewittert,
in jeder Ruhe hat meine Hand gezittert.

Doch wenn das Ende gekommen sein wird,
werd ich Deiner nicht mehr gedenken.
Und wenn das Jenseits zu öd ohne Dich ist,
dann komm ich zurück mich ertränken.

29.
[**Sem título**]

Maldição.

Em cada mulher me desconhecerás
em cada vulto, em vão, me nomearás
em cada Além só o Aqui sentirás
em cada calma com tua mão tremerás.

Então virá o fim. Sempre separados,
não hoje, ontem ou amanhã. Aqui embaixo
com as marés tudo se desfia;
elas aguardam sem fim transcendências vazias.

Resposta.

Em cada mulher eu te ignorei
em cada vulto, em vão, te nomeei
em cada Além só a ti senti
em cada calma com minha mão tremi.

Mas quando o fim tiver chegado
em ti não mais pensarei.
E se o além sem ti é enfado
para me afogar então voltarei.

30.
[Ohne Titel]

Herr der Nächte –
Dunkelgolden
Glänzt Du abends aus dem Strome,
wenn ich von dem Hügel
laufend lechze
mich zu betten in die Kühle.

Herr der Nächte –
Voller Unduld
harr ich Deines Traums, der Nacht.
Tag an Tag reiht sich
zur Kette,
die doch jeder Abend sprengt.

Herr der Nächte –
Schlag die Brücke
von den Ufern übern Strom.
Dass ich, wenn ich von dem Hügel
laufend lechze
mich zu betten in die Kühle,
noch im letzten Sprung mich fange
auf der Brücke,
zwischen Ufern, zwischen Tagen
Überm Glanze Deines Golds.

30.
[Sem título]

Senhor das noites –
negro-ouro
brilhas à noite, desde o rio
quando corro pelo morro
e correndo eu desejo
deitar lá fora, ao ar puro.

Senhor das noites –
impaciente
aguardo teu sonho e a noite.
Os dias se somam
numa sequência
que cada noite implode.

Senhor das noites –
cria pontes
entre as margens, sobre o rio.
Quando eu corro pelo morro
e correndo eu desejo
deitar lá fora, ao ar puro
me pego no último pulo
sobre a ponte
entre margens, entre dias
sobre o brilho do teu ouro.

31.
[Ohne Titel]

Ich bin ja nur ein kleiner Punkt
nicht grösser als der schwarze
der dort auf dem Papiere prunkt
als Anfang zum Quadrate.

Wenn ich mich sehr erweitern will,
beginn ich sehr zu klecksen,
mit Stift und Feder, Blei und Tint
die Umwelt zu behexen.

Doch bin ich nur ein kleiner Punkt
nicht einmal gut geraten,
wie der auf den Papieren prunkt
als Anfang zu Quadraten.

31.
[**Sem título**]

Sou somente um pequeno ponto
menor que o risco preto
que se destaca no papel branco
no traçar de um quadrado.

E quando quero crescer muito
começo a manchar tudo
com caneta, lápis e tinta
eu enfeitiço o mundo.

Mas sou só um pequeno ponto
nem sequer acabado
que se destaca no papel branco
no traçar de um quadrado.

32.
[Ohne Titel]

Dies war der Abschied.
Manche Freunde kamen mit
und wer nicht mitkam war ein Freund nicht mehr.

Dies war der Abend.
Zögernd senkte er den Schritt
und zog zum Fenster unsre Seelen raus.

Dies war der Zug.
Vermass das Land im Fluge
und stockte durch die Enge mancher Stadt.

Dies ist die Ankunft.
Brot heisst Brot nicht mehr
und Wein in fremder Sprache ändert das Gespräch.

32.
[**Sem título**]

Isto foi o adeus.
Alguns amigos vieram
e quem não veio, não era mais amigo.

Isto foi a noite.
Hesitante baixou o passo
e lançou janela afora nossas almas.

Isto foi o trem.
Ele mediu rápido a terra
e emperrou no estreito de certas vilas.

Isto é a chegada.
Pão tem outro nome agora
e o vinho em língua estranha altera a fala.

33.
[Ohne Titel]

Nüchtern-mystisch, mystisch-nüchtern,
Anders ist es nicht zu machen :
Darum ist dein Wissen schüchtern,
Deine Schüchternheit dein Wachen.

33.
[Sem título]

Místico-sóbrio, sóbrio-místico
como fazer de outro modo?
Por isso teu saber é tímido
e tua timidez o foco.

34.
[Ohne Titel]

Unaufhörlich führt uns der Tag hinweg von dem Einen
Das in gesammelter Kraft eben noch stand in der Tür.
Unaufhörlich schlagen Türen ins Schloss und Brücken versinken
in den strömenden Strom, hat sie Dein Fuss kaum berührt.

34.
[Sem título]

O dia nos leva incessante para longe de quem
há pouco, no marco da porta, reunia suas forças.
As portas trancam-se incessantes, e as pontes caem
na correnteza que corre, teu pé mal as alcança.

35.
[Ohne Titel]

Manchmal aber kommt es hervor, das Vertrauteste, öffnet die
Tore des Hauses und steht, ewiges Bleiben im Spurt.
Wie die Brücke sich schwingt über Ströme von Unrast, von Ufer
   [zu Ufer,
Sicher verbunden, festes Gebild, Freiheit und Heimat in eins.

35.
[**Sem título**]

Mas às vezes ele emerge, o mais familiar, abre
os portões da casa e para, eterno ficar em vigília.
Como pendem as pontes, de margem a margem, sobre
　[correntes intranquilas
firmemente atadas, figura fixa, pátria e liberdade unidas.

36.
[Ohne Titel]

Flüsse ohne Brücke
Häuser ohne Wand
Wenn der Zug durchquert es –
Alles unerkannt

Menschen ohne Schatten
Arme ohne Hand

36.
[Sem título]

Rios sem pontes
casas sem chão
quando o trem atravessa –
tudo passa em vão

homens sem sombras
braços sem mão

37.
[Ohne Titel]

Was wir sind und scheinen,
Ach wen geht es an.
Was wir tun und meinen,
Niemand stoss' sich dran.

Himmel steht in Flammen,
Hell das Firmament
Über dem Beisammen,
Das den Weg nicht kennt.

37.
[Sem título]

É isto o que somos
e alguém se importa?
Com o que fazemos
ninguém se incomoda.

No céu há um incêndio
e o firmamento brilha
sobre o coletivo
que ignora a trilha.

38.
[Ohne Titel]

I
Unermessbar, Weite, nur,
wenn wir zu messen trachten,
was zu fassen unser Herz hier ward bestellt.

Unergründlich, Tiefe, nur,
wenn wir ergründend loten,
was uns Fallende als Grund empfängt.

Unerreichbar, Höhe, nur,
wenn unsere Augen mühsam absehn,
was als Flamme übersteigt das Firmament.

Unentrinnbar, Tod, nur,
wenn wir zukunftsgierig
eines Augenblickes reines Bleiben nicht ertragen.

II
Komm und wohne
in der schrägen, dunklen Kammer meines Herzens,
dass der Wände Weite noch zum Raum sich schliesst.

Komm und falle
in die bunten Gründe meines Schlafes,
der sich ängstigt vor des Abgrunds Steile unserer Welt.

Komm und fliege
in die ferne Kurve meiner Sehnsucht,
dass der Brand aufleuchte in die Höhe einer Flamme

Steh uns bleibe.
Warte, dass die Ankunft unentrinnbar
zukommt aus dem Zuwurf eines Augenblicks.

38.
[Sem título]

I
Imensurável, amplo, só,
quando tentamos medir
o que, aqui, só o coração toca.

Insondável, fundo, só,
quando sondamos a fundo
o que, ao cairmos, nos serve de amparo.

Inalcançável, alto, só,
quando nossos olhos abarcam
o que, qual flama, excede o firmamento.

Inescapável, morte, só,
quando sedentos por futuro
não suportamos um instante do presente.

II
Vem e mora
na câmara oblíqua e escura do meu coração
para que o amplo das paredes no espaço se feche.

Vem e cai
no fundo colorido do meu sono
que treme diante do abismo do nosso mundo.

Vem e voa
na curva distante da minha saudade
que se acenda o incêndio na altura de uma flama.

Vem e fica.
Espera que venha a chegada
inescapável do que um instante projeta.

39.
[Ohne Titel]

Die Gedanken kommen zu mir,
ich bin ihnen nicht mehr fremd.
Ich wachse ihnen als Stätte zu
wie ein gepflügtes Feld.

39.
[Sem título]

Vêm a mim os pensamentos
a eles não sou mais estranha.
Cresço feito um lugar para eles,
feito terra lavrada.

40.
H. B.

Wie aber lebt man mit den Toten ? Sag,
wo ist der Laut, der ihren Umgang schwichtet,
wie die Gebärde, wenn durch sie gerichtet,
wir wünschen, dass die Nähe selbst sich uns versagt.

Wer weiss die Klage, die sie uns entfernt
und zieht den Schleier vor das leere Blicken ?
Was hilft, dass wir uns in ihr Fort-sein schicken,
und dreht das Fühlen um, das Überleben lernt.

40.
H. B.

Mas como viver com os mortos? Fala:
Qual é o som capaz de silenciá-los?
Qual é o gesto que uma vez realizado
faz-nos enfim desejar que eles partam?

Qual lamento enfim os distanciaria
lançando um véu sobre a vista vazia?
Como nos resignamos com sua ida
e, torcendo o afeto, seguimos a vida?

41.
[Ohne Titel]

Ach, wie die
Zeit sich eilt,
unverweilt
Jahr um Jahr
an ihre
Kette reiht.
Ach, wie bald
ist das Haar
weiss und verweht.

Doch, wenn die
Zeit sich teilt
jählings in
Tag und Nacht,
wenn uns das
Herz verweilt –
spielt es nicht
mit der Zeit
Ewigkeit.

41.
[**Sem título**]

Ah, o tempo
se apressa
depressa
e retece
cada ano
a seus elos.
Ah, e logo
serão alvos
meus cabelos.

Mas quando
o tempo súbito
se reparte
em dia e noite,
quando o coração
demora –
não joga então
com o tempo
a eternidade?

42.
[Ohne Titel]

Nur wem der Sturz im Flug sich fängt,
    gehen die Gründe auf.
    Ihm steigen sie herrlich ans Licht.

Die Erde, wem der Flug misslingt,
    öffnet die Abgründe weit.
    Ihm nimmt sie zurück in den Schoss.

42.
[**Sem título**]

Só a quem se ergue e voa na queda
     revelam-se as bases.
     Iluminam-se, sublimes.

A quem falha no voo, a terra
     abre os abismos amplos.
     E o toma em seu ventre de novo.

43.
[Ohne Titel]

Zwei Jahre in ihren Gezeiten
Von Stunden und Tagen erfüllt.
Sie kommen und sie entgleiten
Im Gischt, der das Schiff umspült.

Erst trugen sie mich über die Wellen,
Entfalteten dann gross ihren Schmerz.
Nun lassen sie mich ohne Gesellen
Zurück mit vereinsamtem Herz.

43.
[Sem título]

Em suas águas foram dois anos
de longos dias e longas horas.
As marés vêm e vão nas ondas,
na espuma que banha a proa.

Primeiro as ondas me levaram
depois desataram sua dor.
Agora sozinha me deixam
com o coração sem calor.

44.
Fahrt durch Frankreich

Erde dichtet Feld an Feld,
flicht die Bäume ein daneben,
lässt uns unsere Wege weben
um die Äcker in die Welt.

Blüten jubeln in dem Winde,
Gras schiesst auf, sie weich zu betten,
Himmel blaut und grüsst mit Linde,
Sonne spinnt die sanften Ketten.

Menschen gehen unverloren –
Erde, Himmel, Licht und Wald –
jeden Frühling neugeboren
spielend in das Spiel der Allgewalt.

44.
Viagem pela França

Campo a campo a terra densa
trança as árvores ao lado
deixa-nos abrir as sendas
na roça, no mundo largo.

Flores, flores na ventania
a grama vem abraçá-las
azula o céu, acena a tília
e o sol traça linhas largas.

Terra e céu, luz e floresta –
as pessoas vão serenas –
renascem na primavera
no jogo da força plena.

45.
Mit einem Ding

Bin nur eines
von den Dingen,
den geringen,
das gelang
aus Überschwang.

Schliesse mich in Deine Hände,
dass sie schwingend
überschwingen
ins Gelingen,
wenn Dir bang ist.

45.
Com uma coisa

Sou só uma
dessas coisas
tão pequenas
exitosas
no excesso.

Encerra-me nas tuas mãos
que elas vibrem
excessivas
até o êxito
quando temes.

46.
[Ohne Titel]

Den Überfluss ertragen
wenn Well' um Well' sich bricht,
das Zeigen sich versagen,
im Schweigen zu verharren –
O Gott, Du hörst uns nicht.

Aus Überfluss errettet
uns Gottes Stimme nicht.
Sie spricht nur zu den Darbenden,
den Sehnsüchtigen, den Harrenden.
O Gott, vergiss <u>uns</u> nicht.

46.
[Sem título]

O excesso, suportá-lo
no quebrar-se das ondas,
recusar-se a mostrar
e em silêncio ficar –
ó Deus, Tu nos ignoras.

No excesso, a voz
de Deus não nos salva.
Ela só fala aos famintos
melancólicos, ansiosos.
Ó Deus, não <u>nos</u> esqueças.

47.
[Ohne Titel]

Die Neige des Tages
die Schwelle des Abends
noch ist es nicht Nacht
noch hebt sich der Vogel
noch streckt sich der Baum.
Bald wehet es kälter,
die Nacht und der Traum.

47.
[**Sem título**]

O resto do dia
o umbral da tarde
não é noite ainda
voa ainda a ave
se alonga a árvore.
Já sopram mais frio
o sonho e a noite.

48.
B's Grab

Auf dem Hügel unter dem Baum
zwischen sinkender Sonne und steigendem Mond
Hängt Dein Grab,

Schwingt sich ein in das Totsein,
in das Sinken der Sonne,
in das Steigen des Monds.

Unter dem Himmel, über der Erde
vom Himmel herab, zum Himmel hinan
Ruht Dein Grab.

48.
Túmulo de B.

No alto do morro, à sombra da árvore
entre o sol que cai e a lua que sobe
pende o teu túmulo.

Vibra rente com a morte
com o cair do sol
com o subir da lua.

Embaixo do céu, em cima da terra
do céu descendo, ao céu subindo
jaz o teu túmulo.

49.
[Ohne Titel]

Und keine Kunde
von jenen Tagen,
die ineinander
sich brennend verzehrten
und uns versehrten :
Des Glückes Wunde
wird Stigma, nicht Narbe.

Davon wär' keine Kunde,

Wenn nicht Dein Sagen
ihm Bleiben gewährte :
Gedichtetes Wort
ist Stätte, nicht Hort.

49.
[**Sem título**]

Notícia alguma
daqueles dias
que se consumiam
em chamas
e nos feriam:
a ferida da alegria
não vira cicatriz, mas estigma.

Notícia alguma haveria,

não fosse a tua fala
a estancar o tempo:
palavra poética
não é lar, é lugar.

50.
Palenville

Spannlos winkt mir hinter gehäufeten Hügeln
                                            die Weite
Und das Ferne bricht durch, leuchtend wie Mond
                                              in der Nacht.

50.
Palenville

Atrás dos muitos montes acena-me calmo
                                  o amplo
E o longe irrompe, brilhando como a lua
                                  na noite.

51.
[Ohne Titel]

Dicht verdichtet das Gedicht,
schützt den Kern vor bösen Sinnen.
Schale, wenn der Kern durchbricht,
weis' der Welt ein dichtes Innen.

51.
[Sem título]

O poema espesso adensa
salva a essência contra o infenso.
Casca, quando irrompe a essência
mostra ao mundo um dentro denso.

52.
Kentaur
(A propos Plato's Seelenlehre)

Reite über die Erde
Hin zu den Rändern der Weite,
Bis Dein menschlicher Rücken
Sich fügt in die tierischen Schenkel.

Umflügle gebändigt in Dir
Die Erde der Menschen und Rosse,
denen alles die Herrschaft verdirbt.

Trabend, doch wie im Fluge,
Gestreckt von Gesicht zu den Schenkeln,
Sei ihnen die ältere Einheit
Von Mensch und Tier.

52.
Centauro
(A propósito da Teoria da Alma de Platão)

Sobre a terra, em trote
rumo às margens mais distantes
até que tuas costas de gente
às coxas do bicho se adequem.

Sobrevoa e amansa em ti
a terra dos homens e corcéis,
a quem corrompe o domínio.

Trota, mas como se voasse
do rosto à coxa alongado
sê deles a unidade mais antiga
de homem e bicho.

53.
[Ohne Titel]

Das Alte kommt und gibt Dir nochmals das Geleit.
Kehr nicht das Herz und lass Dich nicht berücken,
Verweile nicht, nimm Abschied von der Zeit
Und wahre Dir den Dank und das Entzücken
Mit abgewandtem Blick.

53.
[**Sem título**]

Vem o Antigo e mais uma vez te escolta.
Que não te cativem, fecha o coração,
despede-te desse tempo, e logo te aparta.
Conserva a maravilha e a gratidão
sem fixar o olhar.

54.
[Ohne Titel]

Ich lieb die Erde
so wie auf der Reise
den fremden Ort,
und anders nicht.
So spinnt das Leben mich
an seinem Faden leise
ins nie gekannte Muster fort
Bis plötzlich,
wie der Abschied auf der Reise,
die grosse Stille in den Rahmen bricht.

54.
[**Sem título**]

A Terra eu amo
como, em viagem,
amo o estranho
é assim que a amo.
Assim me enreda a vida
tão leve em sua teia
na imagem desconhecida.
Súbito então
como uma despedida
irrompe silêncio tamanho.

55.
[Ohne Titel]

Helle scheint
in jeder Tiefe ;
Laut ertönt
in jeder Stille.
Weckt das Stumme –
dass es schliefe ! –,
hellt das Dunkel,
das uns schuf.

Licht bricht
alle Finsternisse,
Töne singen
jedes Schweigen.
Nur die Ruh'
im Ungewissen
dunkelt still
das letzte Zeigen.

55.
[Sem título]

Brilha o claro
no profundo;
soa o som
no silêncio todo.
Acorda o mudo –
ainda dorme! –,
clareia o escuro,
que nos criou.

A luz quebra
toda a treva,
o som canta
o que cala.
Só a calma
na incerteza
escurece
o que aparece.

56.
[Ohne Titel]

Erdennässe
Erdendunst
Süsses irdisches Gewärmtsein
Flockt empor
Zur Wolkenkunst
Sichtbar schwebend im Entferntsein.

Herzenswärme
Herzensgunst
Innig atmendes Gefühltsein
Seufzer leicht
Wie Wolkendunst
Hörbar zitterndes Gerührtsein.

56.
[**Sem título**]

Terra úmida
terra e bruma
doce calor terrestre
em flocos sobe
à nuvem celeste
pende visível no distante.

Coração quente
coração em graça
afeta profundamente
leve suspiro
qual nuvem celeste
tremor audível no toque.

57.
Blumenfeld zum 70. Geburtstag

Alles ist schon gesagt
Und nichts bleibt übrig zu singen
Für mich :
Propagandist und Führer
Und Meister der Rede
Architekt des Geistes
Erzieher – Lehrer und Mahner,
Prophet und Kammermusikdirigent,
Repräsentant der Epoche,
Konservativer Revolutionär
Und immer unzufrieden,
Kompromisse verachtend –
Jähzornig – freundlich – charmant,
Blitzende Augen
Und großer Genießer
Guter Genüsse –
Bruder des Bundes
Und Stürmer und Dränger
Ergründer – Erforscher,
Ewigkeitswerte und Gegenwartsarbeit,
Nur der Starke darf
Bündnisse schließen –
Amor Fati und Mutti und Großvati –
Und Kinder und Enkel,
Revolution mit langerm Atem,
West-Östlicher Divan und ewig ein Hatem –
Und Wesenhaft – Macher jüdischer Werte,
Mit Ranke und Burckhardt
Und Fichtes Rede an die Nation –

Was bleibt noch zu sagen
Zu stammeln
Dir gegenüber –
Du großer Entwurzler
Und Vergewaltiger Deiner Freunde,

57.
Blumenfeld faz 70 anos

Tudo já foi dito
e nada resta a cantar
para mim:
propagandista e guia
e mestre do discurso
arquiteto do espírito
educador – professor e bedel
profeta e maestro de câmara
representante da época
revolucionário conservador
e sempre insatisfeito
desprezando compromissos –
colérico – amigável – charmoso
olhos coriscantes
e grande apreciador
de bons prazeres –
irmão da nação
e *Stürmer und Dränger*
investigador – pesquisador
valores eternos e trabalho presente
só o forte pode
selar pactos –
amor fati e mami e papi –
e crianças e netos
revolução de fôlego
Divã ocidento-oriental e um eterno Hatem –
e essencialmente – criador de valores judaicos
com Ranke e Burckhardt
e os Discursos à Nação, de Fichte –

O que resta a dizer
a gaguejar
frente a ti –
tu, grande tira-raízes
e violador de teus amigos

Die immer in Angst und Bangen
Befürchten den Ausbruch
Vulkanischer Lava –
Immer wenn Gegner und Feinde
Sinnlose Dinge erwidern
– Oh Meister und Freund –
Haben doch viele vergessen
Dich als Menschen zu zeichnen
Weil sie distanzvoll
Und immer ein wenig gehemmt
Beter und Anbeter –
Freundliche Priester
Ihrem verehrten Idol
Dankopfer bringen. –

Und plötzlich standen wir mitten
Auf dem Marktplatz einer bekannten Stadt
Wo wir gelernt und gelebt –
Und lernten und machten Geschichte –
Und wollten
Da spät schon die Nacht
Wir uns zur Ruhe begeben,
Dieses Abschiednehmen allein
Ward wieder Roman und Romanze,
Denn statt zu enden –

Begannst Du von Neuem –
Du ewig Neu Beginner –
Wenn andere denken, es geht schon zu Ende,
Des Tages Arbeit ist schon getan,
Wachtest Du auf mit neuen Gedanken,
Und wir hingen am Munde
Sokratischer Weisheit
Und beugten uns gern
Überlegener Führung.
Und beschlich uns auch leise der Schlaf,
Du wurdest nächtlicher Mahner. –

que sempre com medo e aflição
temem a irrupção
de lava vulcânica –
se inimigos e oponentes
retrucam coisas sem sentido
– ó mestre e amigo –
mas muitos se esquecem
de te pintar como homem
porque sempre à distância
e sempre algo tolhidos
pedintes e fiéis –
padres amigáveis
fazem ao querido ídolo
seus ritos sacrificiais. –

E súbito estamos no meio
da Praça do Mercado de uma cidade conhecida
onde estudamos e vivemos –
e aprendemos e fizemos história –
e queríamos
já que era tarde da noite
enfim ir descansar.
E só essa despedida
tornou-se romance e romances
pois ao invés de acabar –

Tu começavas de novo –
tu, reiniciante eterno –
quando outros pensam, já acabou
o trabalho do dia já foi feito
acordaste com novos pensamentos
e ouvimos com atenção
a sabedoria socrática
e nos curvamos com prazer
à sua condução superior.
E enfim se nos achegava o sono,
e tu te tornavas guarda noturno. –

Und wie Du dann saßest –
Freundlich dozierend
Und heiter und launig,
Vor Dir das Bier
Und neben Dir Freunde,
Wie Du sprachst mit weihvoller Stimme,
Als ginge es um Großes –
Mit Kellern –
Über die vielen Gänge
Eines Menus –
Die Bereitung von Saucen und Braten,
Und prüftest vortreffliche Weine –
Und dann über Frauen und Mädchen –
Natürlich ...
Bei Shakespeare und Goethe
———

Das, lieber Kurt, heißt erst den Menschen
      menschlich zu erfassen.

E como te sentavas –
docente amigável
e alegre e caprichoso
cerveja à frente
ao lado os amigos
como falavas com voz pungente
como se de coisas grandes –
com adegas –
sobre os muitos pratos
de um menu –
a preparação de molhos e assados,
e provavas excelentes vinhos –
e então falavas de mulheres e garotas –
claro...
em Shakespeare e Goethe
―――――

É isso, amado Kurt, o que significa compreender
        um homem humanamente.

58.
[Ohne Titel]

Ein Mädchen und ein Knabe
Am Bach und im Wald,
Erst sind sie jung zusammen,
Dann sind sie zusammen alt.

Draussen liegen die Jahre
Und das was man Leben nennt,
Drinnen wohnt das Zusammen,
Das Leben und Jahre nicht kennt.

58.
[**Sem título**]

Um garoto e uma garota
no riacho e na mata
juntos na flor da idade
juntos também bem mais tarde.

Lá fora ficam os anos
e o que chamam de vida,
mas dentro estão tão juntos
que ignoram os anos e os dias.

59.
Goethes Farbenlehre

     Gelb ist der Tag.
     Blau ist die Nacht.
     Grün liegt die Welt.
Licht und Finsternis vermählen
sich im Dunklen wie im Hellen.
Farbe lässt das All erscheinen,
Farben scheiden Ding von Ding.

Wenn der Regen und die Sonne
ihrer Wolkenzwiste müde
noch das Trockne und das Nasse
in die Farbenhochzeit einen,
glänzet Dunkles so wie Helles –
Bogenförmig strahlt vom Himmel
     Unser Auge, unsere Welt.

59.
A doutrina das cores de Goethe

O dia é amarelo.
A noite, azul.
Verde é o mundo.
Luz à treva se entrelaça
no claro, também no escuro.
Já a cor tudo atravessa
distingue as coisas do mundo.

E quando o sol e a chuva
livres da plúmbea querela
unem o seco e o molhado
em casamento-aquarela
brilha o claro, brilha o escuro –
em arco raia no céu
      nosso olhar, nosso mundo.

60.
[Ohne Titel]

Dies Buch grüsst aus der Ferne,
lass es ungelesen <u>sein</u> ;
Nähe lebt auch in der Ferne,
immer <u>ist</u> Gewesensein.

60.
[Sem título]

Este livro acena longe
deixe-o apenas não <u>ser</u> lido;
o perto vive ainda que longe,
sempre <u>é</u> também ter sido.

61.
Schwere Sanftmut

Sanftmut <u>ist</u>
im Inneren unserer Hände,
wenn die Fläche <u>sich</u>
zur fremden Form bequemt.

Sanftmut <u>ist</u>
im Nacht-gewölbten Himmel,
wenn die Ferne <u>sich</u>
der Erde anbequemt.

Sanftmut <u>ist</u>
in Deiner Hand und meiner,
wenn die Nähe <u>jäh</u>
uns gefangen nimmt.

Schwermut <u>ist</u>
in Deinem Blick und meinem,
wenn die Schwere <u>uns</u>
ineinander stimmt.

61.
Austera doçura

Doçura <u>é</u>
bem dentro de nossas mãos
quando a palma <u>se</u>
encaixa na forma alheia.

Doçura <u>é</u>
no céu arqueado da noite,
quando o longe <u>se</u>
acomoda na Terra.

Doçura <u>é</u>
na minha mão e na tua,
quando o perto <u>súbito</u>
nos abarca.

Amargura <u>é</u>
no meu olhar e no teu,
quando o peso enfim <u>nos</u>
entrelaça.

62.
[Ohne Titel]

So ist mein Herz :
Wie diese rote Scheibe
des Mondes, ganz verhängt von Tränenwolken,
der Nacht bedarf, um glühend
am stillen Brande heiss sich zu verzehren,
auch wie des Holzes heisser Schimmer
im Schwarzen eines nicht mehr leuchtenden Kamins –
So brennt mein Herz in sich und glüht,
                                      und leuchtet nicht.

Wenn dann des Tages
mild'res Licht erscheint,
und alle Dinge zeigen sich gestaltet,
und keines hat der Nacht verglühter Brand verzehrt,
– sie kommen heil und schön sich zu gesellen
dem Spiel von Licht und Luft, von Ton und Tau –
so hängt mein Herz dem blassen Sichelmonde gleich
Unscheinbar, unbemerkt und unberührt
am viel zu hellen Himmelsfirmament.

62.
[Sem título]

Meu coração é assim:
como esta roda rubra
da lua, encoberta por nuvens de lágrimas,
que precisa da noite, para em silêncio
arder-se num incêndio,
como o raio tórrido da madeira
na cinza de uma lareira, que já não ilumina –
assim queima meu coração, e arde
                              mas não brilha.

Quando então se anuncia
a amena luz do dia,
e todas as coisas se formam,
e nenhuma consumiu o incêndio da noite,
– elas vêm sãs e salvas se juntar
ao jogo de luz e ar, de som e orvalho –
meu coração pende, qual lua crescente
invisível, inadvertido, intocado
no firmamento demasiado claro.

63.
[Ohne Titel]

Des Glückes Wunde
heisst Stigma, nicht Narbe.
Hiervon gibt Kunde
Nur Dichters Wort.
Gedichtete Sage
ist Stätte, nicht Hort.

63.
[**Sem título**]

Felicidade é ferida
e seu nome é estigma
não cicatriz. É o que diz
a palavra do poeta.
O dizer da poesia
é lugar, não lar.

64.
Holland

Grüne, grüne, grüne Wiesen,
Kühe fleckig auf den Weiden,
Himmel hängt die schweren Wolken
tief ins Land hinein.

Braunes, braunes, braunes Wasser
fliesst quadratisch um die Wiesen
in Kanälen : Zaun und Straße ;
stille liegt die Welt.

Menschen knien zwischen Wassern
auf den Wiesen unter Wolken,
hacken nasse, schwarze Erde
weite Welt im Blick.

64.
Holanda

Verdes, verdes, verdes campos
vacas gordas pelos pastos
o céu puxa as nuvens densas
fundo no espaço.

Pardas, pardas, pardas águas
fluem em quadras pelos campos
em canais, ruas e cercas –
o mundo está calmo.

De joelhos entre as águas
sobre os campos, sob as nuvens,
homens cavam a terra negra –
o amplo mundo à vista.

65.
[Ohne Titel]

Schlagend hat einst mein Herz sich den Weg geschlagen
durch fremde wuchernde Welt.

Klagend hat einst mein Schmerz den Wegrand bestellt
gegen das Dickicht der Welt.

Schlägt mir das Herz nun,
so geht es geschlagene Wege,
und ich pflücke am Rain,
was mir das Leben erstellt.

65.
[Sem título]

Antes, ao bater, meu coração atravessava
um imenso mundo estranho

Antes, ao lamentar, minha dor a margem buscava
contra um mundo tão tacanho

Bate hoje o coração
em sendas já conhecidas
e aqui ao lado eu colho
o que me cabe da vida.

66.
[Ohne Titel]

Ich seh Dich nur
wie Du am Schreibtisch standest.
Ein Licht fiel voll auf Dein Gesicht.
Das Band der Blicke war so fest gespannt,
als sollt es tragen Dein und mein Gewicht.

Das Band zerriss,
und zwischen uns erstand
ich weiss nicht welches seltsame Geschick,
das man nicht sehen kann, und das im Blick
nicht spricht noch schweigt. Es fand
und sucht ein Lauschen wohl
die Stimme im Gedicht.

66.
[Sem título]

Te vejo apenas
como à escrivaninha paravas.
A luz acertava-te a face.
Tão firme nosso olhar se enlaçava
como se o meu e o teu peso carregasse.

Partiu-se o laço
e entre nós ressurgiu
não sei que porvir estranho
que não se pode ver, e que ao olho
não fala nem cala. Mas sentiu
e procura uma escuta atenta
da voz dentro do poema.

67.
[Ohne Titel]

Ganz vertraut dem Unvertrauten,
Nah dem Fremden,
Da dem Fernen,
Leg' ich meine Hände in die Deinen.

67.
[Sem título]

Do desconhecido, conhecida,
do alheio, sou amiga,
do distante, sou vizinha,
cubro tua mão com a minha.

68.
[Ohne Titel]

Stürzet ein ihr Horizonte,
Lasst das fremde Licht herein ;
Ach, die Erde, die Besonnte
Will des Alls gewärtig sein,
Das aus instrumentnen Weiten
Sich in Apparaten fängt
Und die irdischen Gezeiten
Donnernd auseinandersprengt.

68.
[Sem título]

Desmoronai, horizontes,
deixai vir a luz estranha;
ah, a Terra, consciente
quer tornar-se a soberana
do universo tão distante
que prendemos em certas máquinas
e nossas marés terrestres
arrebentam em trovoada.

69.
[Ohne Titel]

Der Sturz im Flug gefangen –
Der Stürzende, er fliegt.
Dann öffnen sich die Gründe,
Das Dunkle steigt ans Licht.

69.
[**Sem título**]

Erguida em voo a queda –
quem cai, logo voará.
Então com o solo aberto
à luz a treva ascenderá.

70.
Erich Neumanns Tod

Was von Dir blieb ?
Nicht mehr als eine Hand,
nicht mehr als Deiner Finger bebende Gespanntheit,
wenn sie ergriffen und zum Gruss sich schlossen.

Denn dieser Griff verblieb als Spur
in meiner Hand, die nicht vergass, die
wie Du warst noch spürte, als Dir längst
Dein Mund und Deine Augen sich versagten.

70.

Morte de Erich Neumann

O que restou de ti?
Uma mão, apenas
teus dedos apenas, tremendo tensos
ao pegar uma coisa, ao apertar outra mão.

Pois esse aperto resta, como rastro
em minha mão, que não esquece, que
ainda sentia quem eras, quando há muito
tua boca e teus olhos falhavam.

71.
[Ohne Titel]

Dann werd' ich laufen, wie ich <u>einstens</u> lief
Durch Gras und Wald und Feld ;
Dann wirst Du stehen, wie Du <u>einmal</u> standst,
Der innigste Gruss von der Welt.

Dann werden die Schritte gezählt sein
Durch die Ferne und durch die Näh ;
Dann wird dieses Leben erzählt sein
Als der Traum von eh und je.

71.
[Sem título]

Então correrei, como <u>outrora</u> corria
por grama e mata e campo;
então ficarás, como <u>então</u> ficarias
intimíssimo aceno do mundo.

E os passos serão contados
pelo que é perto e pelo que é longe;
e esta vida será contada
como o sonho de sempre e de hoje.

Sobre os poemas de Hannah Arendt

IRMELA VON DER LÜHE[1]

"A poesia teve um papel importante em minha vida", disse Hannah Arendt em 1964, por ocasião da entrevista com Günter Gaus para a televisão.[2] Ela se referia a seu entusiasmo com a poesia grega e a sua dedicação à literatura e às artes. Rolf Hochhuth falou até mesmo da "força poética" de Hannah Arendt, acrescentando que "ela era uma literata completa".[3] Se já na escola ela gostava de aprender poemas de cor, como estudante de filologia clássica ela podia citar de cabeça obras da Grécia Clássica – e, sem dúvida, Hannah Arendt terá sentido a diferença existencial e mental resultante da comparação da expressão alemã *auswendig lernen* com seus correspondentes em inglês e francês. *To learn by heart* e *apprendre par coeur* apontam para o fato de que a presença da poesia no interior do ser humano é uma representação do coração, e não algo como a ocasião de uma autorrepresentação direcionada para o exterior.[4] Poemas que são aprendidos para

---

* [N. E.] As notas bibliográficas de rodapé contêm a referência completa de cada obra apenas na primeira menção. Nas seguintes, optou-se pela forma reduzida (autor, obra, página).
1. Professora de Literatura Alemã Moderna na Universidade Livre de Berlim e, desde 2013, professora-sênior no Centro de Estudos Judaicos Berlim-Brandenburg. Seu trabalho e pesquisa concentram-se no campo da literatura e da história da cultura judaico-alemã, da literatura de exílio e da Shoah, da história da literatura de autoria feminina, assim como da família de Thomas Mann.
2. ARENDT, Hannah. Fernsehgespräch mit Günter Gaus. In: _____. *Ich will verstehen*: Selbstauskünfte zu Leben und Werk. Org.: Ursula Ludz. Munique; Zurique: Piper, 1997. p. 44-70. p. 54.
3. HOCHHUTH citado por WILD, Thomas. Kreative Konstellationen: Hannah Arendt und die deutsche Literatur der Gegenwart – Ein Überblick und eine Wirkungsanalyse am Beispiel Rolf Hochhuths. *Text + Kritik: Hannah Arendt*, Munique, v. 166/167, p. 162-173, 2005. p. 168.
4. [N. T.] A expressão alemã *auswendig lernen* significa literalmente algo como

e com o coração remetem a um outro significado e função em comparação àqueles que são "direcionados" para fora, para que sejam exibidos como posse ou ostentados como signo de competência cultural. Sabemos que Hannah Arendt tinha muitos poemas preferidos[5] e que, entre eles, tinham um papel proeminente os de Schiller e Rilke, de Goethe e Heine, de Hofmannsthal e Brecht. E sabemos também que ela via na linguagem poética, na sequência de palavras e frases formadas métrica e estroficamente, uma promessa de futuro, uma garantia como que trans-histórica de permanência e ligação com o mundo [Weltbindung].

Na conversa com Günter Gaus, Hannah Arendt não apenas enfatizou o significado da poesia para a sua vida e seu pensamento. Ela ainda condensou, de forma tão lacônica quanto programática, sua máxima de vida pessoal e intelectual no seguinte e muito citado dito: *Ich will verstehen* [Quero compreender]. Como balanço de uma vida pessoal e política vivida com a experiência da quebra de tradição e do "choque" do extermínio dos judeus, esse dito é direcionado simultaneamente contra a maioria de seus colegas do sexo masculino. Homens – assim explicou Hannah Arendt também na entrevista a Günter Gaus, e não menos de passagem – "queriam muitíssimo agir" [*furchtbar gern wirken*],[6] ou seja, ganhar poder e influência. Ela, ao contrário, queria "compreender", e quando outros compreendiam tal como ela, isso lhe dava "uma satisfação como um sentimento de pátria [*Heimatgefühl*]".[7] A partir de sua obra filosófico-política, particularmente os grandes estudos sobre as *Origens do totalitarismo* (edição inglesa de 1951 e alemã de 1955) e *Sobre a Revolução* (1963, 1965), passando por

---

"aprender fora", "aprender para fora" ou "aprender de dentro para fora", e designa basicamente o ato de memorizar algo, "aprender de cor". À diferença de seus correspondentes em inglês, francês e português, não há na expressão alemã, portanto, qualquer referência ao coração (*cor, heart, coeur*). Segundo o dicionário DUDEN, a expressão é utilizada nesse sentido ao menos desde o século XVI e pode remeter, em sua origem, ao fato de que o aprendizado é feito "externamente" ao livro.

5. Cf. a (infelizmente esgotada) antologia de 37 poemas preferidos de Hannah Arendt. KNOTT, Marie Luise (org.). *Es rührt mich heute noch*: Hannah Arendts Gedichte. Solothurn: Roughbooks, 2006.
6. ARENDT. Fernsehgespräch mit Günter Gaus, p. 48.
7. ARENDT. Fernsehgespräch mit Günter Gaus, p. 49.

seus trabalhos *A tradição oculta* (1948, 1976) e *Homens em tempos sombrios* (1968, 1989), até a obra, ainda hoje muito controversa, *Eichmann em Jerusalém: um relato sobre a banalidade do mal* (1963, 1964), pode-se reconstruir o significado amplo de uma profissão de fé aparentemente singela ao ato de "compreender". O que ela tem em mente é um ato do mais alto esforço intelectual, e simultaneamente de radical revisão de todas as ofertas convencionais de "compreender" presentes na tradição filosófica e da história das ideias. As tentativas sistemáticas de compreender, das quais todos os escritos de Hannah Arendt prestam testemunho, consumam-se como atos de um pensar que emergem da ruptura com a tradição e que procuram, não obstante, por possibilidades de um recomeço e de uma continuação do pensamento político. Tanto no que diz respeito à ruptura tornada irreversível pela Shoah quanto a todas as tentativas presentes de uma refundação do pensamento político e da reflexão filosófica, encontram-se na obra de Hannah Arendt referências à literatura e à arte. Ela não cessa de se referir a autores, textos e motivos da *Weltliteratur*, fortalecendo, com isso, também no próprio trabalho intelectual, o entusiasmo pela poesia de que falava na entrevista com Günter Gaus.

Assim, na segunda grande seção de *Origens do totalitarismo*, por exemplo, Arendt utiliza *No coração das trevas* (1902), o relato de Joseph Conrad sobre a África, para "compreender a política de expansão da época imperialista". Pois nem a etnologia nem a ciência em geral ajudarão a quem quiser entender o "horror" da insana ideologia racial imperialista. A narrativa de Joseph Conrad seria "mais apropriada para iluminar o contexto dessa experiência do que a literatura histórica, política ou etnológica correspondente".[8] Na visão de Hannah Arendt, a figura do Senhor Kurtz, da narrativa de Conrad, representa como tipo ideal aquele homem moderno sem escrúpulos que, em certo sentido, funciona como uma pecinha na engrenagem. Sentimental e brutal, covarde e oportunista, inescrupuloso e sedento por poder são os atributos com os quais Joseph Conrad o descreve.

---

8. ARENDT, Hannah. *Elemente und Ursprünge totaler Herrschaft*. Munique; Zurique: Piper, 1986. p. 309.

E justamente com essas propriedades de caráter ele figura na análise arendtiana do colete mental da política imperialista também como o precursor de Adolf Eichmann.[9] Aspectos estruturais do totalitarismo são ilustrados por Arendt também com referência a Rudyard Kipling e Marcel Proust. Os romances de Franz Kafka, *O processo* e *O castelo*, são elencados para ilustrar a "Burocracia: a herança do despotismo".[10] De uma forma geral, Arendt reconhece nas parábolas de Kafka como que elementos fundamentais do mundo existente, modelos metafóricos também para os paradoxos dos direitos humanos e da assimilação judaica. "Uma postura moral na política tende a fornecer justificações morais para crimes"[11] – essa conclusão central de seu estudo sobre as revoluções da Modernidade é explicada com o exemplo de *Billy Budd*, de Melville, e o da narrativa do "Grande inquisidor", presente n'*Os irmãos Karamázov*, de Dostoievski.

A lista poderia ser facilmente ampliada, e ela confirma que "a relação estreita com a poesia" não é apenas um "aspecto", mas um "elemento fundamental"[12] da escrita de Hannah Arendt.

A primeira de todas essas tentativas de ilustrar e compreender, por meio de textos da *Weltliteratur*, conexões e rupturas macropolíticas, assim como processos políticos e filosóficos, é levada a cabo em uma obra que foi iniciada ainda antes do exílio, concluída em Paris e enfim publicada em 1958 (edição alemã de 1959). *Rahel Varnhagen: a vida de uma judia alemã na época do romantismo* deveria se tornar, em realidade, uma *Habilitationsschrift*.[13] As circunstâncias impediram; ao invés disso, o texto

---

9. Cf. GRUNENBERG, Antonia. *Hannah Arendt und Martin Heidegger*: Geschichte einer Liebe. Munique; Zurique: Piper, 2008. p. 328. [*Hannah Arendt e Martin Heidegger*: história de um amor. São Paulo: Perspectiva, 2019].
10. ARENDT. *Elemente und Ursprünge totaler Herrschaft*, p. 395.
11. ARENDT citada por HEUER, Wolfgang. *Hannah Arendt*. Reinbek: Rowohlt, 2004. p. 102.
12. HAHN, Barbara; KNOTT, Marie Luise (orgs.). *Hannah Arendt*: Von den Dichtern erwarten wir Wahrheit – Katalog zur Ausstellung. Berlim: Literaturhaus Berlin; Matthes und Seitz, 2007. p. 15.
13. [N. T.] Tese redigida após o doutoramento de uma pesquisadora ou um pesquisador para que obtenha o direito de lecionar no ensino superior na Alemanha e em países de tradição acadêmica germânica.

apareceu na forma de uma biografia como estudo-piloto sobre assimilação e antissemitismo, sobre *Paria e Parvenu*.[14] Trata-se daquele nexo de pensamento que viria a se tornar, até o fim dos anos 1940, o núcleo da análise intelectual de Hannah Arendt. Valendo-se do exemplo de uma "judia do romantismo",[15] de Rahel Varnhagen e seu salão através de sua correspondência e seus diários, Hannah Arendt realiza, a partir de 1930, uma tentativa de compreender voltada a uma mulher, uma judia e uma autora. Trata-se de alguém que, de sua parte, se interessava sobretudo pelo compreender, pelo discurso, pelo diálogo e, assim, por uma vida no espaço público. O fato de que isso tudo tenha permanecido vedado a Rahel Varnhagen – porque, embora a sociedade no período já tenha inventado o direito à liberdade e os direitos humanos, a igualdade entre judeus e não judeus, homens e mulheres ainda não o permitia – torna-se objeto do primeiro grande livro de Hannah Arendt. Ao mesmo tempo, o livro afasta os inúmeros elogios idílicos e sentimentalizantes que o século XIX entoou sobre Varnhagen. Trata-se da primeira abordagem crítico-sistemática dessa ídola dos românticos. Debruçando-se sobre uma geração e uma época literária, o romantismo; sobre uma instituição semipública, o salão judeu presidido por mulheres; e, por fim, sobre uma nova forma de comunicação cultural e sócio-histórica que aponta para o futuro, a conversa livre entre iguais, Arendt investiga as chances reais e as barreiras factuais, as possibilidades negadas e os potenciais não utilizados de um experimento temporalmente limitado. A forma de sociabilidade utópica praticada no salão judeu era – como Hannah Arendt sempre enfatizava – uma exceção histórica e social temporalmente limitada. E, não obstante, ela deixou rastros – não por último

---

14. [N. T.] Conceitos dicotômicos empregados por Arendt para designar a tensão entre resistência e concessão à assimilação por parte dos judeus em contextos culturais majoritariamente antissemitas. O vocábulo francês *parvenu* designa pejorativamente em várias línguas europeias – inclusive na alemã – também o "alpinista social" ou os chamados *nouveaux riches* ("novos ricos").
15. ARENDT, Hannah. *Rahel Varnhagen*: Lebensgeschichte einer deutschen Jüdin aus der Romantik. Munique; Zurique: Piper, 1998. [*Rahel Varnhagen*: a vida de uma judia alemã na época do romantismo. São Paulo: Relume-Dumará, 1994].

nas próprias reflexões de Hannah Arendt acerca do diálogo entre amigos, em seu trabalho sobre um conceito do político que se baseia na separação estrita do privado e do público e que vê no espaço público a chance de uma compreensão de mundo plural composto por indivíduos livres.

Como se sabe, Rahel Varnhagen não permaneceu a única autora que fascinou Hannah Arendt, e o livro sobre ela não é o único texto que presta testemunho de seu entusiasmo com a poesia e os poetas. Ensaios sobre G. E. Lessing e Heinrich Heine, Franz Kafka e Bertolt Brecht, Walter Benjamin e Hermann Broch, sobre Nathalie Sarraute e Isak Dinesen podem atestá-lo.[16] Pode-se reconhecer o entusiasmo de Hannah Arendt por literatura e poesia certamente também em sua própria forma de exposição textual. Repetidamente chamou-se atenção para o fato – e por vezes também criticamente – de que tanto o livro sobre totalitarismo quanto os estudos de *Sobre a revolução*, sem mencionar os ensaios sobre *A tradição oculta* ou os artigos políticos dos anos 1940 no *Partisan Review* e em outros periódicos políticos, são marcados por um estilo genuinamente narrativo. Hannah Arendt compôs também seus textos "abstratos" com grande maestria em relação à intensificação da tensão e ao desvio de atenção do leitor; também em obras de teoria política ou naquelas dedicadas à tradição filosófica, ela costumava satisfazer a curiosidade com efeitos retóricos e mediar o conhecimento com exemplos habilmente colocados. Em tudo isso, Arendt se mostra devedora da retórica e da estilística antigas, e também de uma teoria filosófica da argumentação que é muito ligada a um narrar analítico, isto é, a um pensamento em anedotas. Sem que ela o tenha explicitado, ela se movimenta, com isso, em uma tradição literária cuja antiga codificação ocorreu na poética aristotélica. A diferenciação, que remonta a Aristóteles, entre filósofos e historiadores foi atualizada de modo obstinado – e simultaneamente minada – por Hannah Arendt. Em muitas

---

16. Cf. a esse respeito HEUER, Wolfgang; LÜHE, Irmela von der (orgs.). *Dichterisch denken*: Hannah Arendt und die Künste. Göttingen: Wallstein, 2007, assim como o catálogo de exposição *Hannah Arendt: Von den Dichtern erwarten wir Wahrheit*, mencionado previamente.

passagens da obra *Origens do totalitarismo* e nos artigos sobre os autores individuais, mas não por último em suas cartas e no seu *Diário filosófico*, revela-se a fascinação de Hannah Arendt por um narrar que é também analítico e por um pensamento que é a cada momento plástico e narrativo.

Enfim, em uma de suas últimas grandes obras filosóficas, *Vita activa* ou *A condição humana* (1958, 1960), Hannah Arendt reflete em um parágrafo próprio (§23) sobre "A permanência do mundo e a obra de arte".[17] São reflexões surpreendentes e também características para a compreensão de seu amor pela poesia e pela arte. Ela se posiciona assertivamente a favor da "inutilidade dos objetos de arte", referindo-se claramente à capacidade da arte – e particularmente do poema – de instituir memória e prestar testemunho, como "letra morta", do "pensamento vivo e meditativo".[18] Apenas pelo contexto torna-se claro o que ela tem em mente: em *A condição humana* estão em questão as formas da atividade humana – na terminologia de Hannah Arendt, o produzir, o reificar e o agir. Produzir é, na sua compreensão, sempre conforme a fins; suas sentenças culminam na seguinte frase: "Não há nenhuma finalidade exercida por uma obra de arte no mesmo sentido em que a finalidade de uma cadeira se realiza quando alguém se senta nela".[19] Mas justamente por isso a durabilidade das obras de arte, prossegue Hannah Arendt, sobressai qualitativa e quantitativamente em relação à estabilidade de todas as outras coisas; mais ainda, a permanência da obra de arte produzida de modo livre de finalidades "é tão espetacular que ela é capaz de acompanhar por séculos e milênios, sob certas condições, a cambiante subsistência do mundo".[20] Não é recorrendo a conceitos de filosofia da arte da época do classicismo e do romantismo que Hannah Arendt fundamenta a liberdade de princípio da arte em relação à finalidade; nesse contexto, ela não

---

17. ARENDT, Hannah. *Vita activa oder Vom tätigen Leben*. Munique; Zurique: Piper, 1981. p. 154-163.
18. ARENDT. *Vita activa oder Vom tätigen Leben*, p. 156f. Ver também: ARENDT, Hannah. *A condição humana*. Trad.: Roberto Raposo. Rio de Janeiro: Forense Universitária, 2000. p. 182.
19. ARENDT. *Vita activa oder Vom tätigen Leben*, p. 155.
20. ARENDT. *Vita activa oder Vom tätigen Leben*, p. 155.

fala de autonomia estética no sentido da filosofia idealista, mas, antes, comprova sua afirmação com alguns versos do poema "Magia", de Rilke, de 1924.

> Aus unbeschreiblicher Verwandlung stammen
> solche Gebilde – : Fühl ! und glaub !
> Wir leidens oft : zu Asche werden Flammen;
> doch, in der Kunst: zur Flamme wird der Staub.[21]

> Sim, de metamorfoses inauditas
> vêm tais criações – crê! e sente!
> Sabemos: o fogo converte-se em cinzas;
> mas se o pó converte-se em chama – é arte.

A prova da completa liberdade da arte em relação à finalidade ocorre por meio da própria arte, e também o poema se certifica por si mesmo em sua função atemporal e ao mesmo tempo atual. É verdade que, no sentido de uma lógica estritamente dedutiva – com a qual Hannah Arendt nunca se comprometeu –, isso pode convencer pouco; pode ainda remeter a posições idealistas-românticas segundo as quais a verdadeira eternidade se dá tanto inesperada quanto subitamente, como instante do mais elevado prazer artístico. A concepção de Hannah Arendt de como atua o poema, tomada de Rilke e fundamentada a partir de Rilke, visa, no entanto, a uma realização da memória inteiramente própria: poesia e arte testemunham o "pensamento meditativo". Na poesia encontra-se unido o que, para o pensamento rigoroso, para a ciência e a filosofia, se dá de modo estritamente separado, a saber: a atividade do cientista e aquela do artista, o pensar e o poetizar.

Para Arendt, Rilke se torna também fiador – ela publicara um artigo com seu primeiro marido, Günther Stern, em 1930, sobre suas *Elegias a Duíno*[22] – de outra ampla capacidade e modo de repercutir do poema, a saber: a força transformadora do dizer

---

21. RILKE, Rainer Maria. Magie. In: _____. *Sämtliche Werke*. Frankfurt am Main: Insel, 1987. p. 174. Cf. ARENDT. *Vita activa oder Vom tätigen Leben*, p. 156, n. 13.
22. ARENDT, Hannah; STERN, Günther. Rilkes "Duineser Elegien". *Neue Schweizer Rundschau*, Zurique, XXIII, caderno 11, p. 855-871, 1930.

lírico. O que está em questão aqui é mais do que uma operação lexical da linguagem; tampouco se trata da sua operação linguístico-comunicativa. O que está em questão – com os versos do poema de Rilke citados por Hannah Arendt – é uma "Magia" poética peculiar, a força quase mágica da palavra poética não apenas de vivificar o "pó", o passado e transitório, o morto e gasto, mas de transformá-los em "flama". Para Hannah Arendt, obras de arte trazem à luz a "mundanidade do mundo". Na permanência das obras de arte, "a transformação e o curso" do mundo ganham um brilho, um "aceno de possível imortalidade".[23] A última estrofe de um dos primeiros poemas de Arendt, do inverno de 1923, diz o seguinte:

> Deixem-me dar-lhes a mão, dias etéreos.
> Vocês não me perderão. Como gesto
> deixarei esta folha, esta flama.[24]

Nem neste poema de juventude nem no parágrafo de *A condição humana* redigido décadas depois, trata-se da imortalidade da alma ou de uma transformação transcendente na luz eterna. Antes, Hannah Arendt o formula de maneira tão cuidadosa quanto decidida ao reconhecer "a possível imortalidade" naquilo que "mãos mortais realizaram", e continua: "O que há de comovente nesse estado de coisas reside no fato de que ele não é um estímulo saudoso do ânimo, mas, ao contrário, ele se apresenta de modo palpável e presente aos sentidos, brilhando para ser visto, soando para ser ouvido, dizendo dentro do mundo das linhas do livro lido".[25]

Como se vê, essas considerações concernem preferencialmente ao lado da recepção da arte, sua percepção e seu efeito nas leitoras e nos leitores do próprio tempo ou de gerações posteriores. O fato de que isso possa ter levado a uma tal percepção através de gerações e de tempos possui uma causa muito simples: há objetos "palpáveis e presentes aos sentidos"; bens

---

23. [N. T.] Todas as citações deste parágrafo são traduzidas de: ARENDT, Hannah. *Vita activa oder vom tätigen Leben*. Munique; Zurique: Piper, 1981. p. 155.
24. Poema 7 deste volume.
25. ARENDT. *Vita activa oder vom tätigen Leben*, p. 155.

"produzidos" em forma de imagens, sons e textos. A reconexão de arte e literatura à conjunção de pensar, meditar e produzir é, portanto, decisiva. Em analogia à concepção de Adam Smith – parafraseada diretamente por Hannah Arendt em *A condição humana* –, segundo a qual utensílios ou mercadorias surgem da "propensão para a troca e o comércio", Hannah Arendt escreve: "então surgem obras de arte da capacidade humana de pensar e de meditar". Um pensar meditativo, na medida em que se ocupa com a arte, é, para Hannah Arendt, não um ato produtor, mas de transformação, uma metamorfose de tipo radical por meio da qual – como ilustra o poema de Rilke, "Magia" – "o correr natural das coisas pode ser invertido".[26] A metáfora é a forma mais evidente em que se completa um tal ato de transformação – transformação pela qual um sentimento, uma vivência, uma sensação ganham forma em livros, imagens, estátuas ou composições musicais, e, assim, saem da "prisão da mera consciência, isto é, [de] um si mesmo que só sente a si", e entram na amplidão do mundo.[27] Com a metáfora são ultrapassados limites da consciência, da ordem das coisas e da percepção, e então tornam-se acessíveis espaços de outra ordem, de uma consciência modificada. Se por um lado pensar e sentir se objetificam na obra de arte como coisas palpáveis (textos, sons, imagens), por outro paga-se um preço alto, o preço da mortificação: "o preço é a própria vida, pois apenas uma 'letra morta' pode fazer perdurar o que foi um instante volátil do mais vivo espírito".[28] Aos olhos de Hannah Arendt, a vivificação da letra morta no processo de leitura e de recepção por parte de outras pessoas e de gerações posteriores não altera o princípio (de caráter fundamental-ontológico) de que as artes são desprovidas de vida, embora certamente essa ausência de vida se manifeste diversamente nas distintas artes – de forma mais leve na música e na poesia, nas quais a "reificação producente"[29] é ligada o mínimo possível ao material.

---

26. ARENDT. *Vita activa oder vom tätigen Leben*, p. 155.
27. ARENDT. *Vita activa oder vom tätigen Leben*, p. 156.
28. ARENDT. *Vita activa oder vom tätigen Leben*, p. 157.
29. ARENDT. *Vita activa oder vom tätigen Leben*, p. 157.

Hannah Arendt desenvolveu suas reflexões sobre a relação entre pensar e poetizar não apenas em *A condição humana*. Em seu ensaio sobre Walter Benjamin, ela retrata explicitamente um autor que "pensava poeticamente", que era capaz de "poetizar" de modo ensaístico-fragmentário, mas ao mesmo tempo de modo cristalino. "O que era tão difícil de compreender em Benjamin é o fato de que ele, sem ser poeta, pensava *poeticamente*, e de que a metáfora, para ele, deveria ser portanto o maior e mais misterioso segredo da linguagem, porque ela torna possível, na 'transmissão', que o invisível se faça visível e, assim, experienciável."[30] No "pensamento poético" de Walter Benjamin não se manifestava, para Arendt, uma religião da arte distanciada do mundo e apolítica, mas, antes, é o Benjamin materialista que se tornava audível e legível em seu "pensamento metafórico". O que Adorno e Horkheimer estigmatizaram como "marxismo vulgar" aparece, na compreensão de Hannah Arendt, como a força genuína da escrita benjaminiana. Seja recorrendo a Homero, de um lado, ou a Brecht, de outro, Hannah Arendt interpreta e defende Benjamin. Ela cuidou da publicação de seus escritos desde que ouvira de seu suicídio em Portbou (em 16 de setembro de 1940).[31] Arendt enviou seu testamento histórico-filosófico – as teses *Sobre o conceito de história* – a Adorno, na esperança de uma publicação. Na disputa em torno do espólio de Benjamin, sobretudo em torno da sua interpretação por Adorno e Horkheimer, Hannah Arendt ocupou uma posição decisiva e não poupou críticas ao pouco apoio dado ao amigo pelo "Instituto para a pesquisa social", que atuava desde 1933 no exílio norte-americano. Sua carta a Gershom Scholem, na qual lhe comunica a morte de Benjamin, termina com a sentença: "Judeus morrem na Europa e são enterrados como cães".[32] Em memória de Benjamin, Arendt

---

30. ARENDT, Hannah. Walter Benjamin. *In*: _____. *Menschen in finsteren Zeiten*. Munique; Zurique: Piper, 1989. p. 195-258. p. 217. Ver também: ARENDT, Hannah. *Homens em tempos sombrios*. Trad.: Denise Bottmann. São Paulo: Companhia de Bolso, 2008. p. 179.
31. SCHÖTTKER, Detlev; WIZISLA, Erdmut (orgs.). *Arendt und Benjamin*: Texte, Briefe, Dokumente. Frankfurt am Main: Suhrkamp, 2006.
32. SCHÖTTKER; WIZISLA. *Arendt und Benjamin*: Texte, Briefe, Dokumente, p. 145.

escreveu dois anos após a sua morte um poema cujos sombrios e tristes versos finais só se fizeram confirmar pelas notícias da deportação dos judeus alemães, no verão de 1942, de Gurs, o campo de concentração francês, para Auschwitz.[33] Ele tem a forma de uma "canção de ninar alegórica"[34] e termina com os versos:

> Vozes longe, ao lado as dores:
> os mortos e suas vozes,
> emissários que enviamos
> para nos guiar ao sono.[35]

Em forma lírica e ensaístico-argumentativa, Hannah Arendt deu expressão à sua ligação de amizade com Walter Benjamin e, com isso, praticou a seu modo o que fora o cerne da escrita e do pensamento do filósofo. Poetizando e pensando, Arendt procura uma forma que ateste a amizade e possibilite a "permanência". Como mostra seu grande ensaio sobre Walter Benjamin, sobretudo uma metáfora a fascinava: o pescador de pérolas. Ela vale para o poeta, que é simultaneamente um pensador, e para o historiador, que é simultaneamente um narrador. Com ela, Arendt caracteriza uma práxis da escrita e, ao mesmo tempo, uma autocompreensão teórico-histórica; ela ilustra um pensar em "fragmentos de pensamento" e uma relação com o passado que não é nem nostálgica nem niilista, mas fragmentária em sentido poético:

> E esse pensar, alimentado pelo presente, trabalha com os "fragmentos do pensamento" que consegue extorquir do passado e reunir sobre si. Como um pescador de pérolas que desce ao fundo do mar, não para escavá-lo e trazê-lo à luz, mas para extrair o rico e o estranho, as pérolas e o coral das profundezas, e trazê-los à superfície, esse pensar sonda as profundezas do passado – mas não para ressuscitá-lo tal como era e contribuir

---

33. YOUNG-BRUEHL, Elisabeth. *Hannah Arendt*: For Love of the World. New Haven (CT): Yale University Press, 1982. p. 163.
34. SCHÖTTKER; WIZISLA. *Arendt und Benjamin*: Texte, Briefe, Dokumente, p. 37.
35. Poema 22 deste volume.

para a renovação de eras extintas. O que guia esse pensar é a convicção de que, embora o vivo esteja sujeito à ruína do tempo, o processo de decadência é ao mesmo tempo um processo de cristalização, que nas profundezas do mar, onde afunda e se dissolve aquilo que outrora era vivo, algumas coisas "sofrem uma transformação marinha" e sobrevivem em novas formas e contornos cristalizados que se mantêm imunes aos elementos, como se apenas esperassem o pescador de pérolas que um dia descerá até elas e as trará ao mundo dos vivos — como "fragmentos do pensamento", como algo "rico e estranho" e talvez mesmo como um perene *Urphänomene*.[36]

Hannah Arendt via também em Hermann Broch e Martin Heidegger representantes de um "pensamento poético"; ela lê e comenta de modo entusiástico *A morte de Virgílio*, de Broch, caracteriza-o como "poeta a contragosto" e lhe dedica não apenas um grande *Portrait*, mas entra com ele em um vivo intercâmbio também como pensadora política, sobretudo a respeito da problemática dos direitos humanos e da dignidade humana.[37] Ela também se dedicou ao legado de Broch: em 1955, foi publicada uma obra póstuma editada por ela com o título *Poetizar e conhecer*; em dois poemas, ela elabora a morte do amigo em forma lírica.[38]

Sempre que Hannah Arendt se refere à poesia e à literatura em sua obra, isso ocorre a partir da convicção de que a poesia "é, talvez, a mais humana e a menos mundana das artes".[39] O material da poesia é a própria linguagem, por isso poemas, segundo sua origem, materialidade e condição ontológica, são as menos "coisais" entre todas as coisas que existem no mundo como coisas feitas. Dentre todos os "objetos de pensamento

---

36. ARENDT. *Homens em tempos sombrios*, p. 222.
37. ARENDT, Hannah. Hermann Broch: 1886-1951. In: _____. *Homens em tempos sombrios*. Trad.: Denise Bottmann. São Paulo: Companhia de Bolso, 2008. p. 121-163. ARENDT, Hannah; BROCH, Hermann. *Hannah Arendt/Hermann Broch*: Briefwechsel 1946-1951. Org.: Paul Michael Lützeler. Frankfurt am Main: Suhrkamp, 1996.
38. Cf. poemas 40 e 48 deste volume.
39. ARENDT. *Vita activa oder vom tätigen Leben*, p. 157, n. 13.

da arte",[40] os poemas permanecem o mais próximo do próprio pensamento. A permanência do poema – assim radicaliza Hannah Arendt – deve-se, portanto, a uma genuína e também etimologicamente amparada "condensação" [*Verdichtung*]:[41] "é como se a linguagem falada com extrema densidade fosse poética em si mesma".[42] Poetizar e pensar não produzem nada, e o estatuto de "coisas" palpáveis – que presta testemunho de ambos no mundo e existe materialmente na linguagem – é igualmente originário e, para a "memória da humanidade",[43] igualmente existencial.

É certo que, em *A condição humana*, Hannah Arendt desenvolve de forma teórica e abstrata essas convicções fundamentais a respeito da teoria do pensamento e da poesia, mas elas permanecem sempre ligadas a vivências imediatas de leitura; e elas são um componente evidente de sua convivência acadêmica com disciplinas que eram ligadas à poesia e às artes. Não por último, o encontro com autores e autoras determinou a fascinação de Hannah Arendt por poesia, pelos "objetos de pensamento da arte". A amizade com Walter Benjamin, com Hermann Broch e Wystan Hugh Auden, com Randall Jarell e Mary McCarthy, e anos depois com Uwe Johnson,[44] que viria a convertê-la em figura literária nos *Anniversaries*: múltiplas relações mostram-se já durante o exílio. E os desenvolvimentos literários da Alemanha do pós-guerra foram acompanhados por Hannah Arendt de forma atenta e crítica.

E quanto às suas próprias tentativas líricas, aos aproximadamente 70 poemas que Hannah Arendt escreveu e que, em grande parte, também reuniu em versão datilografada? Permanece em aberto se ela o fez com a intenção de publicá-los. Sua primeira

---

40. ARENDT. *Vita activa oder vom tätigen Leben*, p. 158.
41. [N. T.] Referência ao fato de que os termos alemães *das Gedicht* (o poema), *die Dichtung* (a poesia) e *das Dichten* (o poetizar) apresentam em seu interior o adjetivo *dicht*, que significa "denso", "espesso", "condensado", embora os caminhos da etimologia sejam evidentemente mais tortuosos, como alude a própria Arendt na referida seção de *A condição humana*.
42. ARENDT. *Vita activa oder vom tätigen Leben*, p. 158.
43. ARENDT. *Vita activa oder vom tätigen Leben*, p. 163.
44. ARENDT, Hannah; JOHNSON, Uwe. *Hannah Arendt/Uwe Johnson*: Der Briefwechsel 1967-1975. Org.: Eberhard Falke e Thomas Wild. Frankfurt am Main: Suhrkamp, 2004.

biógrafa, Elisabeth Young-Bruehl, já publicara cerca de 20 desses poemas como anexo ao seu livro.[45] Os primeiros surgiram no inverno de 1923/1924, e é bem provável que tenha sido de fato sobretudo o encontro com Martin Heidegger o que levou Hannah Arendt a escrever poemas. O amor secreto entre a estudante judia de 18 anos e o famoso professor de filosofia, 17 anos mais velho – até hoje objeto, para uma posteridade judicativa, de especulações indignadas e voyeuristas ou por vezes sutis sobre uma suposta afinidade do modo de pensar de Hannah Arendt em relação ao de Heidegger[46] –, encontrou em cartas e poemas sua expressão. Carta e poema entram em correspondência também mais tarde, quando, em 1950, por ocasião da *Visita à Alemanha* de Hannah Arendt, ocorre um reencontro com Heidegger. Suas reflexões sobre a "Permanência da obra de arte", assim como toda a concepção de *A condição humana*, mostram claramente os rastros de uma revisitação da obra de Martin Heidegger. Em que pese o fato de que ela se distancia decididamente de Heidegger em seu pensamento político e filosófico,[47] os paralelos são acentuados quando se trata de poesia e de poemas, as "coisas de pensamento da arte". Hannah Arendt leu já em 1952 com entusiasmo o artigo de Heidegger, publicado em 1954, que traz uma citação de Hölderlin no título: "...poeticamente habita o homem" [...*dichterisch wohnet der Mensch*].[48] Arendt se debruçou intensamente também sobre outro artigo de Martin Heidegger, quando estava ocupada com a redação final de *A condição humana*. Trata-se de "Construir Habitar Pensar" [*Bauen Wohnen Denken*], um texto que ela anotou com comentários por carta

---

45. Quem apresenta uma documentação ampla e rica a esse respeito é WILD, Thomas. *Nach dem Geschichtsbruch*: Deutsche Schriftsteller um Hannah Arendt. Berlim: Matthes & Seitz, 2009.
46. Cf. LUDZ, Ursula. Das nie-vergessene Unvergessbare: Anmerkungen zur Liebesgeschichte Hannah – Martin. *In*: HEUER, Wolfgang; LÜHE, Irmela von der (orgs.). *Dichterisch denken*: Hannah Arendt und die Künste. Göttingen: Wallstein, 2007. p. 84-94.
47. Isso é o que mostra extensivamente GRUNENBERG. *Hannah Arendt und Martin Heidegger*: Geschichte einer Liebe, p. 275s.
48. Cf. a indicação presente na carta de Arendt a Heinrich Blücher, de 24 de maio de 1952. NORDMANN, Ingeborg (org.). *Hannah Arendt*: Wahrheit gibt es nur zu Zweien – Briefe an die Freunde. Munique; Zurique: Piper, 2013. p. 142s.

e em seu diário.[49] Originalmente, ela queria dedicar *A condição humana* a Martin Heidegger.

O *Diário filosófico* de Hannah Arendt, publicado pela primeira vez em 2002 e amplamente comentado,[50] oferece o contexto apropriado para sua relação com a pessoa e a filosofia de Heidegger, que se deu também poeticamente. Trata-se, para além disso, daquela "obra" de Hannah Arendt na qual ela mesma praticou o "pensamento poético" que reconhecia se dar de modo empático e pleno de consequências em Benjamin e Broch. Notações de leitura e trabalhos preparatórios para artigos e livros planejados, eventos cotidianos e experiências de viagem, reviravoltas do destino como a morte de Hermann Broch ou de seu marido, Heinrich Blücher, encontram nesses *Diários intelectuais* sua elaboração ensaística e lírica. Por ocasião de sua visita à Alemanha, em 1950, seus diários foram iniciados e levados adiante até 1973. Nesses registros, poemas são formas de autoexpressão e de teste de modelos líricos; de fato, trata-se de "coisas de pensamento", de reflexões condensadas que não devem ser medidas a partir de normas de originalidade lírica ou de subjetividade autêntica. Na constelação com Heidegger, que lhe escrevia, de sua parte, em forma de poema, os poemas de Hannah Arendt têm evidentemente um outro teor do que nos casos em que deve ser fixada uma vivência da natureza ou uma experiência diante da morte. "Sobreviver" consta da versão manuscrita de um poema [Poema 40] que Hannah Arendt escreveu por ocasião da morte de Hermann Broch, em 1951. Perda e lamento, reflexão e luto se articularam na forma de pergunta, desde o básico "Mas como viver com os mortos?", no primeiro verso, até a pergunta "Seguimos a vida?", no último. Tão convencional na forma, tão enfático na perspectiva, esse poema de duas estrofes termina com um olhar atento à tentativa de "seguir a vida". Tal "seguir" pode ter algo a ver com aquela permanência da obra de arte que Hannah Arendt tematizará em *A condição humana*; e também

---

49. Cf. HAHN, Barbara. Wie aber schreibt Hannah Arendt. *Text + Kritik: Hannah Arendt*, Munique, v. 166/167, p. 102-113, 2005. p. 107.

50. ARENDT, Hannah. *Denktagebuch 1950-1973*. Ed.: Ursula Ludz e Ingeborg Nordmann. Munique; Zurique: Piper, 2002. 2 v.

Hermann Broch era um daqueles autores em cujo texto Arendt via essa permanência garantida. Com isso, o pequeno poema realiza como texto aquilo de que ele trata; ele possui ainda um contexto que ele mesmo deixa em aberto. Como outros poemas desta edição, o dedicado a H. B. (Hermann Broch) encontra-se registrado no *Diário filosófico*, acompanhado da constatação: "Só se conhece o que uma pessoa é quando ela está morta".[51]

Outros poemas também podem valer como tentativas de tornar palpável o "pensamento poético" e, ao mesmo tempo, de dar uma forma – na palavra realçada metaforicamente – ao cotidiano de dor e desespero, luto e assombro – forma que, se não é capaz de transmitir consolo, então, ao menos, confiança. Tudo isso revela que a voz lírica de Hannah Arendt – mesmo quando ela ocasionalmente dá exemplos em contrário, como é o caso dos poemas "Como uma cantiga" [2] ou "Sonho" [4] – é elegíaca, e de forma nenhuma irônica. Heinrich Heine, cujo poema "Os dois granadeiros" ela sabia de cor aos seis anos de idade e costumava "declamar a plenos pulmões sob uma torrente de lágrimas para alegrar a família",[52] é raramente audível. Goethe e Hölderlin, Brecht e Morgenstern, ao contrário, o são inteiramente.

Tanto a produção quanto a recepção da arte como coisa de pensamento permitiriam – é o que elabora Hannah Arendt em *A condição humana* – uma saída da "prisão da mera consciência, isto é, [de] um si-mesmo que apenas se sente a si, para a amplidão do mundo".[53] Para o seu próprio poetizar e pensar, isso parece central. Tanto as dores e conflitos resultantes da experiência amorosa com Martin Heidegger quanto as experiências da catástrofe do assassinato dos judeus fizeram com que a pensadora se confrontasse longamente com a questão

---

51. ARENDT. *Denktagebuch* [junho de 1951]. Cf. WEIGEL, Sigrid. Dichtung als Voraussetzung der Philosophie: Hannah Arendts Denktagebuch. *Text + Kritik: Hannah Arendt*, Munique, v. 166/167, p. 125-137, 2005. p. 128.
52. É o que relata Hannah Arendt em uma carta a Dolf Sternberger, de 23 de março de 1957. Impresso no verso do catálogo da exibição *Hannah Arendt: Von den Dichtern erwarten wir Wahrheit* (Org.: Barbara Hahn e Marie Luise Knott. Berlim: Literaturhaus Berlin, 2007).
53. ARENDT. *Vita activa oder vom tätigen Leben*, p. 156.

de saber como se vive após a ruptura com a tradição, como se deve lidar, em sentido literal e figurado, com os escombros e fragmentos. Em seu modo de ver, que ela vê confirmado na obra de Walter Benjamin e Hermann Broch, entre outros, poesia e arte transcendem a reflexão que gira em torno de si mesma, sua pura autorreferencialidade; sobretudo no poema se diz dentro do "amplo do mundo", mas de um modo que só se pode esperar por uma resposta. Com isso, um acolhimento [*Geborgenheit*] e, com ele, também uma verdade são capazes de transluzir na palavra poética – palavra esta que aguardamos, como lemos no seu *Diário filosófico*, basicamente dos poetas. Em um poema do ano de 1956, em que são levemente modificados versos de um anterior, do ano de 1952, e que também pertence ao seu *Diário filosófico*, Arendt o expressa desse modo:

> Felicidade é ferida
> e seu nome é estigma
> não cicatriz. É o que diz
> a palavra do poeta.
> O dizer da poesia
> é lugar, não lar.[54]

No poema, uma recordação rememorativa [*andenkendes Erinnern*] se torna possível de modo imediato. Pois "ritmo e rima, os meios técnicos da arte poética", garantem que algo se inscreva na memória, mesmo que não esteja escrito: "E assim como a qualidade de um poema é determinada por uma série de critérios de natureza muito distinta, é justamente a sua 'capacidade de se inscrever' que decidirá, em larga medida, se ele vai se firmar definitivamente na memória da humanidade, se pode se inscrever nela".[55] Que se possa aprender poemas "de cor" sem anotá-los, a fim de conservá-los, lhes proporciona não apenas a permanência em sentido ontológico, mas também garante o seu efeito para a lembrança. Com isso, realiza-se no poema o que Hannah Arendt concede também à grande narrativa, o que

---

54. Poemas 49 e 63 deste volume.
55. ARENDT. *Vita activa oder vom tätigen Leben*, p. 157.

ela concede em geral à linguagem. Em muitos artigos e tratados teóricos, em perfis de poetas e resenhas, ela evocou justamente isso. No discurso de agradecimento pelo Lessing-Preis, em 1959, ou seja, na mesma época da publicação de *A condição humana*, lemos o seguinte: "Nenhuma sabedoria de vida, nenhuma análise, nenhum resultado, nenhum aforismo profundo, por profundo que seja, pode absorver a intensidade e plenitude de sentido de uma história quando contada corretamente".[56]

Também quanto aos próprios poemas de Hannah Arendt, provenientes dos "tempos sombrios" assim como a sua obra filosófico-teórica, deve-se conceder – para além da questão pela originalidade e autenticidade – que eles procuram transcender a "prisão da mera consciência" e abrir um espaço para a (auto) conversação. Um olhar autoirônico-crítico para a sua "obra lírica" certamente – dirão: por sorte – não impediu isso. Em uma carta a Kurt Blumenfeld, na qual ela faz um relato de sua viagem pela Europa em 1951, lê-se ao final: "Minha viagem pela Europa também foi... um romance inteiro. Estive em Freiburg... Eu tinha compromissos profissionais ali e H[eidegger] apareceu no hotel. De todo modo, com isso eu enriqueci indiretamente a língua alemã com alguns poemas muito belos. As pessoas fazem o que podem".[57]

Referências

ARENDT, Hannah; STERN, Günther. Rilkes "Duineser Elegien". *Neue Schweizer Rundschau*, Zurique, XXIII, caderno 11, p. 855-871, 1930.

ARENDT, Hannah. *Vita activa oder vom tätigen Leben*. Munique; Zurique: Piper, 1981.

ARENDT, Hannah. *Elemente und Ursprünge totaler Herrschaft*. Munique; Zurique: Piper, 1986.

---

56. ARENDT, Hannah. Gedanken zu Lessing: Von der Menschlichkeit in finsteren Zeiten. In: _____. *Menschen in finsteren Zeiten*. Munique; Zurique: Piper, 1989. p. 17-48. p. 38.
57. Carta de Hannah Arendt a Kurt Blumenfeld, de 1 de abril de 1951. NORDMANN. *Hannah Arendt*: Wahrheit gibt es nur zu Zweien – Briefe an die Freunde, p. 130s.

ARENDT, Hannah. Gedanken zu Lessing: Von der Menschlichkeit in finsteren Zeiten. *In*: _____. *Menschen in finsteren Zeiten*. Munique; Zurique: Piper, 1989. p. 17-48.

ARENDT, Hannah. Walter Benjamin. *In*: _____. *Menschen in finsteren Zeiten*. Munique; Zurique: Piper, 1989. p. 195-258.

ARENDT, Hannah; BROCH, Hermann. *Hannah Arendt/Hermann Broch*: Briefwechsel 1946-1951. Org.: Paul Michael Lützeler. Frankfurt am Main: Suhrkamp, 1996.

ARENDT, Hannah. Fernsehgespräch mit Günter Gaus. *In*: _____. *Ich will verstehen*: Selbstauskünfte zu Leben und Werk. Ed.: Ursula Ludz. Munique; Zurique: Piper, 1997. p. 44-70.

ARENDT, Hannah. *Rahel Varnhagen*: Lebensgeschichte einer deutschen Jüdin aus der Romantik. Munique; Zurique: Piper, 1998.

ARENDT, Hannah. *A condição humana*. Trad.: Roberto Raposo. Rio de Janeiro: Forense Universitária, 2000.

ARENDT, Hannah. *Denktagebuch 1950-1973*. Ed.: Ursula Ludz e Ingeborg Nordmann. Munique; Zurique: Piper, 2002. 2 v.

ARENDT, Hannah; JOHNSON, Uwe. *Hannah Arendt/Uwe Johnson*: Der Briefwechsel 1967-1975. Org.: Eberhard Falke e Thomas Wild. Frankfurt am Main: Suhrkamp, 2004.

ARENDT, Hannah. Hermann Broch: 1886-1951. *In*: _____. *Homens em tempos sombrios*. Trad.: Denise Bottmann. São Paulo: Companhia de Bolso, 2008. p. 121-163.

ARENDT, Hannah. *Homens em tempos sombrios*. Trad.: Denise Bottmann. São Paulo: Companhia de Bolso, 2008.

GRUNENBERG, Antonia. *Hannah Arendt und Martin Heidegger*: Geschichte einer Liebe. Munique; Zurique: Piper, 2008.

HAHN, Barbara. Wie aber schreibt Hannah Arendt. *Text + Kritik: Hannah Arendt*, Munique, v. 166/167, p. 102-113, 2005.

HAHN, Barbara; KNOTT, Marie Luise (orgs.). *Hannah Arendt*: Von den Dichtern erwarten wir Wahrheit – Katalog zur Ausstellung. Berlim: Literaturhaus Berlin; Matthes und Seitz, 2007.

HEUER, Wolfgang. *Hannah Arendt*. Reinbek: Rowohlt, 2004.

HEUER, Wolfgang; LÜHE, Irmela von der (orgs.). *Dichterisch denken*: Hannah Arendt und die Künste. Göttingen: Wallstein, 2007.

KNOTT, Marie Luise (org.). *Es rührt mich heute noch*: Hannah Arendts Gedichte. Solothurn: Roughbooks, 2006.

LUDZ, Ursula. Das nie-vergessene Unvergessbare: Anmerkungen zur Liebesgeschichte Hannah – Martin. *In*: HEUER, Wolfgang; LÜHE, Irmela von der (orgs.). *Dichterisch denken*: Hannah Arendt und die Künste. Göttingen: Wallstein, 2007. p. 84-94.

NORDMANN, Ingeborg (org.). *Hannah Arendt*: Wahrheit gibt es nur zu Zweien – Briefe an die Freunde. Munique; Zurique: Piper, 2013.

RILKE, Rainer Maria. Magie. *In*: _____. *Sämtliche Werke*. Frankfurt am Main: Insel, 1987. p. 174.

SCHÖTTKER, Detlev; WIZISLA, Erdmut (orgs.). *Arendt und Benjamin*: Texte, Briefe, Dokumente. Frankfurt am Main: Suhrkamp, 2006.

WEIGEL, Sigrid. Dichtung als Voraussetzung der Philosophie: Hannah Arendts Denktagebuch. *Text + Kritik: Hannah Arendt*, Munique, v. 166/167, p. 125-137, 2005.

WILD, Thomas. Kreative Konstellationen: Hannah Arendt und die deutsche Literatur der Gegenwart – Ein Überblick und eine Wirkungsanalyse am Beispiel Rolf Hochhuths. *Text + Kritik: Hannah Arendt*, Munique, v. 166/167, p. 162-173, 2005.

WILD, Thomas. *Nach dem Geschichtsbruch*: Deutsche Schriftsteller um Hannah Arendt. Berlim: Matthes & Seitz, 2009.

YOUNG-BRUEHL, Elisabeth. *Hannah Arendt*: For Love of the World. New Haven (CT): Yale University Press, 1982.

Notas do editor alemão

Os 71 poemas deste volume são reproduzidos na versão retrabalhada por Hannah Arendt, sempre que tais versões foram realizadas. Via de regra, elas estão disponíveis com redação à máquina de escrever.

Depois de 1954, Arendt não mais usava máquina para redigir seus poemas. A partir de então, há apenas manuscritos em seus cadernos de notas. No anexo, referenciamos todas as versões.

Os princípios desenvolvidos por Ursula Ludz e Ingeborg Nordmann para o *Diário filosófico* foram usados também como base para a presente edição: os poemas são reproduzidos tão fielmente quanto possível. Hannah Arendt grafava sempre *ss* (e não *ß*) – isso foi conservado. Erros de redação evidentes foram corrigidos. Reproduzimos fielmente a forma como Arendt realça determinada palavra (sublinhando-a ou grafando-a com espaço entre as letras). Justamente nos poemas que foram apenas manuscritos, a pontuação nem sempre é inequívoca. Procuramos decidir essas questões no sentido de cada poema individual. Oito poemas são publicados pela primeira vez na presente edição:

23 [Sem título] *Justiça e Liberdade...*
27 [Sem título] *Sei que as ruas foram destruídas...*
28 Sonho
29 [Sem título] *Maldição...*
31 [Sem título] *Sou somente um pequeno ponto...*
32 [Sem título] *Isto foi o adeus...*
34 [Sem título] *O dia nos leva incessante para longe de quem...*
35 [Sem título] *Mas às vezes ele emerge, o mais familiar, abre...*

Onze poemas eram até então conhecidos apenas em suas versões manuscritas do *Diário filosófico*. As versões posteriores, retrabalhadas e redigidas à máquina, são publicadas pela primeira vez aqui:

30 [Sem título] *Senhor das noites...*
41 [Sem título] *Ah, o tempo...*
42 [Sem título] *Só a quem se ergue e voa na queda...*

45 Com uma coisa
48 Túmulo de B.
49 [Sem título] *Notícia alguma...*
50 Palenville
51 [Sem título] *O poema espesso adensa...*
52 Centauro (A propósito da Teoria da Alma de Platão)
54 [Sem título] *A Terra eu amo...*
56 [Sem título] *Terra úmida...*

No espólio de Hannah Arendt, conservado na Library of Congress, em Washington, D.C., encontram-se dois convolutos com poemas. Outros poemas encontram-se em cadernos de notas tanto no espólio da Library of Congress quanto no espólio parcial [*Teilnachlass*] presente no Deutsches Literaturarchiv, em Marbach:

Poemas 1:
Reunião de poemas datilografados de 1923 a 1926.
Dentre eles, há 2 versões manuscritas anteriores de 2 poemas datilografados.
Total: 21 poemas.
Em: Library of Congress – Hannah Arendt Papers – Speeches and Writings File, 1923-1975, Box 85/Poetry and stories, 1923-1925.

Poemas 2:
Poemas manuscritos de 1942 a 1950 no início de um caderno de notas.
Total: 13 poemas.
Em: Library of Congress – Hannah Arendt Papers – Speeches and Writings File, 1923-1975, Box 84/Notebooks Volume II, 1942-1950.

Poemas 3:
Poemas manuscritos de 1950 a 1961 em seus cadernos de notas, entre apontamentos filosóficos e anotações.
Total: 35 poemas.
Em: Deutsches Literaturarchiv – Teilnachlass A – Arendt, Hannah – Denktagebücher II-XXVIIII, 1950-1973.

Poemas 4:
Reunião de poemas datilografados de 1942 a 1954.
Total: 21 poemas.

Em: Library of Congress – Hannah Arendt Papers – Speeches and Writings File, 1923-1975, Box 85/Poetry and stories, 1922-1954, undated.

Na correspondência de Hannah Arendt com Hermann Broch e Kurt Blumenfeld, encontram-se dois poemas (respectivamente n. 33 e 57) que foram incorporados na presente edição; também foi incorporado um curto texto lírico presente na encadernação de um livro (cf. poema 36).

Edições anteriores

Edições nas quais os poemas de Hannah Arendt foram publicados pela primeira vez:

Biografia de Young-Bruehl

1. [Edição EUA] YOUNG-BRUEHL, Elisabeth. *Hannah Arendt: For Love of the World*. New Haven (CT): Yale University Press, 1982. (Edição de 2004).

2. [Edição Alemanha] YOUNG-BRUEHL, Elisabeth. *Hannah Arendt: Leben, Werk und Zeit*. Frankfurt am Main: S. Fischer Verlag, 1986. (Edição de 1996).

Diário filosófico

ARENDT, Hannah. *Denktagebuch 1950-1973*. Org.: Ursula Ludz e Ingeborg Nordmann. Munique; Zurique: Piper, 2002. 2 v.

Correspondência Arendt-Heidegger

ARENDT, Hannah; HEIDEGGER, Martin. *Hannah Arendt/Martin Heidegger*: Briefe 1925 bis 1975 und andere Zeugnisse. Org.: Ursula Ludz. Frankfurt am Main: Vittorio Klostermann, 2002.

Correspondência Arendt-Blücher

ARENDT, Hannah; BLÜCHER, Heinrich. *Hannah Arendt/Heinrich Blücher*: Briefe 1936 bis 1968. Org.: Lotte Köhler. Munique; Zurique: Piper, 1999.

Correspondência Arendt-Broch

ARENDT, Hannah; BROCH, Hermann. *Hannah Arendt/Hermann Broch*: Briefwechsel 1946-1951. Org.: Paul Michael Lützeler. Frankfurt am Main: Jüdischer; Suhrkamp, 1996.

Correspondência Arendt-Blumenfeld

ARENDT, Hannah; BLUMENFELD, Kurt. *Hannah Arendt/Kurt Blumenfeld*: "...in keinem Besitz verwurzelt": Die Korrespondenz. Org.: Ingeborg Nordmann e Iris Pilling. Hamburgo: Rotbuch Verlag, 1995.

Catálogo Hannah Arendt e a poesia

HAHN, Barbara; KNOTT, Marie Luise (orgs.). *Hannah Arendt*: Von den Dichtern erwarten wir Wahrheit – Katalog zur Ausstellung. Berlim: Literaturhaus Berlin; Matthes und Seitz, 2007.

Catálogo Walter Benjamin

Walter Benjamin 1892-1940 (Org.: Rolf Tiedemann, Christoph Gödde e Henri Lonitz). Uma exposição do Theodor W. Adorno Archiv de Frankfurt am Main, em cooperação com o Deutsches Literaturarchiv Marbach am Neckar. *Marbacher Magazin*, Stuttgart, v. 55, 1990.

Documentação Arendt-Benjamin

SCHÖTTKER, Detlev; WIZISLA, Erdmut (orgs.). *Arendt und Benjamin*: Texte, Briefe, Dokumente. Frankfurt am Main: Suhrkamp, 2006.

Ensaio de Barbara Hahn

HAHN, Barbara. *Hannah Arendt*: Leidenschaften, Menschen und Bücher. Berlim: Berlin Verlag, 2005.

História de transmissão e impressão dos poemas

Esta história de transmissão e impressão foi confeccionada pela Dra. Anne Bertheau. Em outubro de 2010, ela apresentou à Universidade Paris IV – Sorbonne uma tese sobre Hannah Arendt e a poesia.

[1] [**Sem título**] *Palavra alguma ilumina...*
(*a*) *Impresso aqui a partir de*:
Poemas 1, inverno 1923/1924, Folha 022974, original datilografado: segunda versão.

(*b*) *Primeira versão*:
Manuscrito não conservado.

(*c*) *Impressões anteriores*:
Biografia de Young-Bruehl, edição alemã, p. 78.
Biografia de Young-Bruehl, edição americana, Apêndice, p. 478-479.
Correspondência Arendt-Heidegger, Apêndice, p. 366.

[2] **Em tom de cantiga popular**
(*a*) *Impresso aqui a partir de*:
Poemas 1, inverno 1923/1924, Folha 022975, original datilografado: segunda versão.

(*b*) *Primeira versão*:
Manuscrito não conservado.

(*c*) *Impressões anteriores*:
Biografia de Young-Bruehl, edição alemã, p. 79.
Biografia de Young-Bruehl, edição americana, Apêndice, p. 478.
Correspondência Arendt-Heidegger, Apêndice, p. 366.

[3] **Consolo**
(*a*) *Impresso aqui a partir de*:
Poemas 1, inverno 1923/1924, Folha 022976, original datilografado: segunda versão.

(b) *Primeira versão*:
Manuscrito não conservado.

(c) *Impressões anteriores*:
Biografia de Young-Bruehl, edição alemã, p. 78.
Biografia de Young-Bruehl, edição americana, Apêndice, p. 479.
Correspondência Arendt-Heidegger, Apêndice, p. 367.

[4] **Sonho**
(a) *Impresso aqui a partir de*:
Poemas 1, inverno 1923/1924, Folha 022977, original datilografado: segunda versão.

(b) *Primeira versão*:
Manuscrito não conservado.

(c) *Impressões anteriores*:
Biografia de Young-Bruehl, edição alemã, p. 80 e última estrofe outra vez na p. 92.
Biografia de Young-Bruehl, edição americana, Apêndice, p. 479-480.
Correspondência Arendt-Heidegger, Apêndice, p. 367-368.

[5] **Cansaço**
(a) *Impresso aqui a partir de*:
Poemas 1, inverno 1923/1924, Folha 022978, original datilografado: segunda versão.

(b) *Primeira versão*:
Manuscrito não conservado.

(c) *Impressões anteriores*:
Biografia de Young-Bruehl, edição alemã, p. 77.
Biografia de Young-Bruehl, edição americana, Apêndice, p. 480.
Correspondência Arendt-Heidegger, Apêndice, p. 368.

[6] **O metrô**
(a) *Impresso aqui a partir de*:
Poemas 1, inverno 1923/1924, Folha 022979, original datilografado: segunda versão.

(b) *Primeira versão*:
Manuscrito não conservado.

(c) *Impressões anteriores*:
Biografia de Young-Bruehl, edição alemã, p. 80.
Biografia de Young-Bruehl, edição americana, Apêndice, p. 480-481.
Correspondência Arendt-Heidegger, Apêndice, p. 369.

[7] **Despedida**
(a) *Impresso aqui a partir de*:
Poemas 1, inverno 1923/1924, Folha 022980, original datilografado: segunda versão.

(b) *Primeira versão*:
Manuscrito não conservado.

(c) *Impressões anteriores*:
Biografia de Young-Bruehl, edição alemã, p. 81.
Biografia de Young-Bruehl, edição americana, Apêndice, p. 481.
Correspondência Arendt-Heidegger, Apêndice, p. 370.

[8] [**Sem título**] *Percorro os dias sem rumo...*
(a) *Impresso aqui a partir de*:
Poemas 1, verão 1924, Folha 022970, original datilografado: segunda versão.

(b) *Primeira versão*:
Manuscrito não conservado.

(c) *Impressões anteriores*:
Correspondência Arendt-Heidegger, Apêndice, p. 371.

[9] **A...**
(a) *Impresso aqui a partir de*:
Poemas 1, verão 1924, Folha 022971, original datilografado: segunda versão.

(b) *Primeira versão*:
Manuscrito não conservado.

(c) *Impressões anteriores*:
Correspondência Arendt-Heidegger, Apêndice, p. 371.

[10] [**Sem título**] *Felicidade...*
(a) *Impresso aqui a partir de*:
Poemas 1, verão 1924, Folha 022972, original datilografado: segunda versão.

(b) *Primeira versão*:
Manuscrito não conservado.

(c) *Impressões anteriores*:
Correspondência Arendt-Heidegger, Apêndice, p. 372.

[11] **Crepúsculo**
(a) *Impresso aqui a partir de*:
Poemas 1, inverno 1924/1925, Folha 022967, original datilografado: segunda versão.

(b) *Primeira versão*:
Manuscrito não conservado.

(c) *Impressões anteriores*:
Correspondência Arendt-Heidegger, Apêndice, p. 373.

[12] **Absorta em si**
(a) *Impresso aqui a partir de*:
Poemas 1, inverno 1924/1925, Folha 022968, original datilografado: segunda versão.

(b) *Primeira versão*:
Manuscrito não conservado.

(c) *Impressões anteriores*:
Biografia de Young-Bruehl, edição alemã, p. 93-94 e última estrofe na p. 36.
Biografia de Young-Bruehl, edição americana, Apêndice, p. 481-482.
Correspondência Arendt-Heidegger, Apêndice, p. 374.

[13] **Canção de verão**
(a) *Impresso aqui a partir de*:

Poemas 1, verão 1925, Folha 022982, original datilografado: segunda versão.

(b) *Primeira versão*:
Manuscrito não conservado.
Apenas o título, "Canção de verão", já fora utilizado para uma versão manuscrita anterior do Poema 14, versão (b). Fora isso, "Canção de verão" [Poema 13] não é idêntico a "[Sem título] *Por que me estendes a mão...*" [Poema 14].

(c) *Impressões anteriores*:
Biografia de Young-Bruehl, edição alemã, p. 98 (versão *a*).
Biografia de Young-Bruehl, edição americana, Apêndice, p. 482 (versão *a*).
Correspondência Arendt-Heidegger, Apêndice, p. 375 (versão *a*).

[14] [**Sem título**] *Por que me estendes a mão...*
(a) *Impresso aqui a partir de*:
Poemas 1, verão 1925, Folha 022983-022984, original datilografado: segunda versão.

(b) *Primeira versão*:
Poemas 1, "Canção de verão" foi datado posteriormente com outra caligrafia: verão 1925, sem número da folha, original manuscrito.
- Estrofes 1-3 constam da versão datilografada de "Canção noturna" [Poema 21] (a) como estrofes 4-6.
- Estrofes 4-6 constam idênticas da versão datilografada (a), sendo aqui, no entanto, as estrofes 1-3.

Versão completa:

> Sommerlied
>
> Doch die Schatten bleiben,
> Um den Tag sich scheu zu schliessen,
> Lassen wir auf raschen Flüssen
> Uns zu fernen Küsten treiben.
>
> Unsere Heimat sind die Schatten.
> Und wenn wir zutiefst ermatten,
> In dem nächtlich dunklen Schoss
> Hoffen wir auf leisen Trost.

Hoffend können wir verzeihen
Allen Schrecken, allen Kummer.
Unsere Lippen werden stummer,
Lautlos bricht der Tag herein.

Warum gibst Du mir die Hand
Scheu und wie geheim ?
Kommst Du aus so fernem Land,
Kennst nicht unseren Wein ?

Kennst nicht unsere schönste Glut
– Lebst Du so allein ? –
Mit dem Herzen, mit dem Blut
Eins im andern sein ?

Weisst Du nicht des Tages Freuden :
Mit dem Liebsten gehen,
Weisst Du nicht des Abends Scheiden :
Ganz in Schwermut gehen ?

*

Canção de verão

Mas as sombras permanecem
e esquivas fecham o dia.
Deixem-nos por rios céleres
deslizar até outras vias.

Nossa pátria são as sombras
e quando estamos cansadas
a noite e seu escuro colo
nos oferecem consolo.

Com esperança perdoamos
o pavor e a agonia.
Nossos lábios ficam mais mudos –
em silêncio irrompe o dia.

Por que me estendes a mão
secreto, sozinho?
É tão longe a tua nação
que ignoras nosso vinho?

Ignoras nossa bela paixão
– vives assim tão só? –
poder, em sangue e coração,
no outro, ser um só?

Sabes que a alegria do dia
é ir com o amado?
Sabes que a dor da madrugada
é ir desconsolado?

(c) Impressões anteriores:
Biografia de Young-Bruehl, edição alemã, apenas a quarta estrofe, p. 97 (versão *a*).
Biografia de Young-Bruehl, edição americana, Apêndice, p. 482-483 (versão *a*).
Correspondência Arendt-Heidegger, Apêndice, p. 375 (versão *a*).

[15] Despedida
(*a*) *Impresso aqui a partir de*:
Poemas 1, verão 1925, Folha 022985, original datilografado: segunda versão.

(*b*) *Primeira versão*:
Manuscrito não conservado.

(*c*) *Impressões anteriores*:
Correspondência Arendt-Heidegger, Apêndice, p. 377.

[16] Fim de verão
(*a*) *Impresso aqui a partir de*:
Poemas 1, verão 1925, Folha 022986-022987, original datilografado: segunda versão.

(*b*) *Primeira versão*:
Manuscrito não conservado.

(*c*) *Impressões anteriores*:
Biografia de Young-Bruehl, edição alemã, p. 99.
Biografia de Young-Bruehl, edição americana, Apêndice, p. 483-484.
Correspondência Arendt-Heidegger, Apêndice, p. 378.

[17] **Outubro – De manhã**
(a) *Impresso aqui a partir de*:
Poemas 1, inverno 1925/1926, Folha 022989, original datilografado: segunda versão.

(b) *Primeira versão*:
Manuscrito não conservado.

(c) *Impressões anteriores*:
Correspondência Arendt-Heidegger, Apêndice, p. 379.

[18] **Lamento**
(a) *Impresso aqui a partir de*:
Poemas 1, inverno 1925/1926, Folha 022990, original datilografado: segunda versão.

(b) *Primeira versão*:
Manuscrito não conservado.

(c) *Impressões anteriores*:
Correspondência Arendt-Heidegger, Apêndice, p. 379.

[19] **Aos amigos**
(a) *Impresso aqui a partir de*:
Poemas 1, inverno 1925/1926, Folha 022991, original datilografado: segunda versão.

(b) *Primeira versão*:
Manuscrito não conservado.

(c) *Impressões anteriores*:
Biografia de Young-Bruehl, edição alemã, p. 100.
Biografia de Young-Bruehl, edição americana, Apêndice, p. 484.
Correspondência Arendt-Heidegger, Apêndice, p. 380.

[20] **À noite**
(a) *Impresso aqui a partir de*:
Poemas 1, inverno 1925/1926, Folha 022992, original datilografado: segunda versão.

(b) *Primeira versão*:
Manuscrito não conservado.

(*c*) *Impressões anteriores*:
Biografia de Young-Bruehl, edição alemã, p. 100.
Biografia de Young-Bruehl, edição americana, Apêndice, p. 484.
Correspondência Arendt-Heidegger, Apêndice, p. 380.

[21] Canção noturna

(*a*) *Impresso aqui a partir de*:
Poemas 1, inverno 1925/1926, Folha 022993-022994, original datilografado: segunda versão.

(*b*) *Primeira versão*:
Poemas 1, datado posteriormente com outra caligrafia: inverno 1925, sem número da folha, original manuscrito.
– Estrofes 1-3 constam da versão datilografada de "[Sem título] *Por que me estendes a mão...*" [Poema 14] como estrofes 4-6.
– Estrofes 4-6 idênticas à versão datilografada (a). Aqui, no entanto, elas constam como estrofes 1-3.

Versão completa:

> Nachtlied
>
> Komm' mit mir und hab mich lieb,
> Denk nicht an Dein Graun !
> Kannst Du Dich denn nicht vertraun ?
> Komm und nimm und gib !
>
> Gehen dann durch's reife Feld
> – Mohn und wilder Klee –
> Später in der weiten Welt
> Tut es uns wohl weh,
>
> Wenn wir spüren, wie im Wind
> Stark Erinn'rung weht,
> Wenn im Schauer traumhaft lind
> Unsere Seele weht.
>
> Nur die Tage laufen weiter
> Lassen unsere Zeit verstreichen.
> Stets dieselben dunklen Zeichen
> Wird die Nacht uns stumm bereiten.

Sie muss stets dasselbe sagen
Auf dem gleichen Ton beharren,
Zeiget auch nach neuem Wagen
Immer nur, was wir schon waren.

Laut und fremd verlockt der Morgen,
Bricht den dunklen stummen Blick
Gibt mir tausend neuen Sorgen
Uns den bunten Tag zurück.

*

Canção noturna

Quer-me bem, vem cá,
esquece o teu medo,
não podes confiar em ti,
vem, e recebe, e dá.

Andemos pelo campo dourado
– lótus e papoula bruta –
depois, neste mundo vasto,
veremos como nos machuca

quando sentimos que o vento
forte lembrança sopra.
Quando sentimos o lamento
doce que a alma sopra.

Seguem passando os dias,
nosso tempo corre assim.
Com seus escuros sinais
a noite nos cala, enfim.

Ela fala em um só tom
e tem uma só mensagem.
Pouco importa o quanto ousamos,
mostra nossa mesma imagem.

A manhã com seus ruídos
rompe os escuros olhares.
Com mil afazeres novos
dá um novo dia aos lares.

(c) *Impressões anteriores:*
Correspondência Arendt-Heidegger, Apêndice, p. 381 (versão *a*).

[22] **W. B.**
(*a*) *Impresso aqui a partir de:*
Poemas 4, 1942, Folha 022952, original datilografado: segunda versão.

(*b*) *Primeira versão:*
Poemas 2, outubro de 1942, folha sem numeração, original manuscrito.
Manuscrito (b) e versão datilografada (a) são idênticos, exceto:
– Na pontuação e no tamanho das letras iniciais.
– Manuscrito (b) possui o título: "A W. B.".

(*c*) *Impressões anteriores:*
Biografia de Young-Bruehl, edição alemã, p. 237 (versão *a*).
Biografia de Young-Bruehl, edição americana, Apêndice, p. 485 (versão *a*).
Catálogo Walter Benjamin, p. 320 (versão *a*).
Documentação Arendt-Benjamin, p. 156 (versão *a*).

Comentário:
W. B. quer dizer Walter Benjamin, de quem Hannah Arendt foi amiga durante seus anos de emigração na década de 1930, em Paris. Em fuga, na fronteira espanhola, em Portbou, Benjamin se suicidou.
Em 1968, Arendt editou a tradução inglesa do volume *Illuminationen*, acrescentando-lhe um prefácio.
Hannah Arendt publicou a versão alemã desse prefácio como ensaio em *Walter Benjamin/Bertolt Brecht: Zwei Essays* (Munique; Zurique: Piper, 1971). Uma reimpressão desse ensaio a partir da versão inglesa apareceu em *Menschen in finsteren Zeiten* (Org.: Ursula Ludz. Munique; Zurique: Piper, 2001. p. 179-236).

[23] [**Sem título**] *Justiça e Liberdade...*
(*a*) *Impresso aqui a partir de:*
Poemas 2, outubro 1942, folha sem numeração, original manuscrito: única versão.

(*b*) *Impressões anteriores:*
Inédito.

[24] [**Sem título**] *Enfim emergindo do lago estagnado do passado...*
(*a*) *Impresso aqui a partir de*:
Poemas 4, 1943, Folha 022953, original datilografado: segunda versão.

(*b*) *Primeira versão*:
Poemas 2, fevereiro de 1943, folha sem numeração, original manuscrito.
– Estrofes 1-6 são idênticas no manuscrito (b) e na versão datilografada (a).
– Ao final do manuscrito (b), encontram-se duas estrofes adicionais que Arendt não incorporou na sua versão datilografada:

> Fester als Erde, leichter als Nebel, beständiger als die Toten
> Ich messe der Irdischen Macht.
> Bauen die Erde, zünden das Feuer, kreuzen Gewässer auf Booten,
> Gewaltig und unendlich erdacht.
>
> Schimmern die Ufer, leiten das Wasser aus Sümpfen, Mooren
> [und Teichen
> Mit kräftig geduld'gem Behagen
> Zu Strömen, die aus des Nebels verzweifelt utopischen Reichen
> Quer durch die Lande uns tragen.
>
> *
>
> Mais firme que terra, mais leve que névoa, mais perene que os
> [mortos
> Eu meço a força terrena.
> Erguem a terra, acendem o fogo, cruzam as águas em botes
> Em forte e infinita ideia.
>
> Brilham as margens, tiram as águas do pântano, do lodo e do brejo
> Com prazeres fortes e calmos
> E formam correntes que, dos reinos de utópico desespero de névoa
> Nos levam através dos campos.

(*c*) *Impressões anteriores*:
Biografia de Young-Bruehl, edição alemã, p. 266-267 (versão *a*).
Biografia de Young-Bruehl, edição americana, Apêndice, p. 485-486 (versão *a*).

[25] Parque junto ao rio Hudson
(*a*) *Impresso aqui a partir de*:
Poemas 4, 1943, Folha 022954, original datilografado: segunda versão.

(*b*) *Primeira versão*:
Poemas 2, maio de 1943, folha sem numeração, original manuscrito.
Manuscrito (b) e versão datilografada (a) são idênticos, exceto:
– O manuscrito não tem título.
– Variação em relação à versão datilografada (a) nos versos finais do manuscrito (b):

> Selten geht ein Paar vorüber
> Trägt der Zeiten Last.
>
> *
>
> E às vezes um casal passa
> todo tempo é grave.

– Pontuação e regime de maiúsculas e minúsculas diferem na versão datilografada (a) e no manuscrito (b).

(*c*) *Impressões anteriores*:
Biografia de Young-Bruehl, edição alemã, p. 267 (versão *a*).
Biografia de Young-Bruehl, edição americana, Apêndice, p. 486-487 (versão *a*).

[26] [Sem título] *A tristeza é como uma luz em nosso peito acesa...*
(*a*) *Impresso aqui a partir de*:
Poemas 4, 1946, Folha 022955, original datilografado: segunda versão.

(*b*) *Primeira versão*:
Poemas 2, março de 1946, folha sem numeração, original manuscrito.
Manuscrito (b) e versão datilografada (a) são idênticos, exceto a pontuação.

(*c*) *Impressões anteriores*:
Biografia de Young-Bruehl, edição alemã, p. 270 (versão *a*).
Biografia de Young-Bruehl, edição americana, Apêndice, p. 487 (versão *a*).

[27] [**Sem título**] *Sei que as ruas foram destruídas...*
(a) *Impresso aqui a partir de*:
Poemas 4, 1946, Folha 022955, original datilografado: segunda versão.

(b) *Primeira versão*:
Poemas 2, março de 1946, folha sem numeração, original manuscrito.
Manuscrito (b) e versão datilografada (a) são idênticos.

(c) *Impressões anteriores*:
Inédito.

[28] **Sonho**
(a) *Impresso aqui a partir de*:
Poemas 4, 1947, Folha 022957, original datilografado: segunda versão.

(b) *Primeira versão*:
Poemas 2, janeiro de 1947, folha sem numeração, original manuscrito.
Manuscrito (b) e versão datilografada (a) são idênticos, exceto a pontuação.

(c) *Impressões anteriores*:
Inédito.

[29] [**Sem título**] *Maldição...*
(a) *Impresso aqui a partir de*:
Poemas 2, julho de 1947, folha sem numeração, original datilografado: única versão.

(b) *Impressões anteriores*:
Inédito.

[30] [**Sem título**] *Senhor das noites...*
(a) *Impresso aqui a partir de*:
Poemas 4, 1947, Folha 022956, original datilografado.
Essa última versão deve ter surgido em 1954, durante a redação à máquina datilográfica.

(b) *Primeira versão*:
Correspondência Arendt-Blücher, carta de 21 de julho de 1947:
"Hannah Arendt a Heinrich Blücher" (p. 151-152).

Versão completa:

> Herr der Nächte.
> Dunkelgolden
> Glänzt er abends aus dem Strome,
> wenn ich von dem Hügel
> laufend lechze
> mich zu betten in der Kühle.
> Herr der Nächte.
> Voller Ungeduld harr ich deines Traums, der Nacht.
>
> Tag an Tag reiht sich
> zur Kette,
> die doch jeder Abend sprengt.
>
> Herr der Nächte.
> Schlag die Brücke
> von den Ufern übern Strom,
> daß, wenn ich vom Hügel
> laufend lechze,
> mich zu betten in die Kühle,
> noch im letzten Sprung, mich fange
> auf der Brücke
> zwischen Ufern, zwischen Tagen
> überm Glanze Deines Golds.
>
> *
>
> Senhor das noites.
> Negro-ouro
> brilha à noite, desde o rio
> quando corro pelo morro
> e correndo eu desejo
> deitar lá fora, ao ar puro.
> Senhor das noites;
> Impaciente aguardo teu sonho, e a noite.

Os dias se somam
numa sequência
que cada noite implode.

Senhor das noites.
Cria pontes
entre as margens, sobre o rio,
quando eu corro pelo morro
e correndo eu desejo
deitar lá fora, ao ar puro
me pego no último pulo
sobre a ponte
entre margens, entre dias
sobre o brilho do teu ouro.

(c) *Segunda versão*:
Poemas 2, julho de 1947, folha sem numeração, original manuscrito.
Na segunda versão manuscrita (c) encontra-se uma correção de
junho de 1950 que redunda em uma terceira versão (d) – escrita
na página seguinte do caderno:
– Estrofe 1, verso 1: "Herr der Nächte" (Senhor das noites) riscado
 e "Nacht in Nächten" (Noite em noites) escrito acima.
– Estrofe 2, verso 1: "Herr der Nächte" (Senhor das noites) riscado
 e "Tag in Tagen" (Dia em dias) escrito acima.
– Então há seta da estrofe 2 para a estrofe 1: isto é, estrofe 2 vem
 no lugar da estrofe 1, estrofe 1 no lugar da estrofe 2.

Versão completa:

Herr der Nächte – [»Nacht in Nächten«]
Dunkelgolden
Glänzt Du abends aus dem Strome,
wenn ich von dem Hügel
laufend lechze
mich zu betten in die Kühle.

Herr der Nächte – [»Tag in Tagen«]
Voller Unduld
Harr ich Deines Traums, der Nacht.
Tag an Tag reiht sich

zur Kette,
die doch jeder Abend sprengt.

Herr der Nächte –
Schlag die Brücke
von den Ufern übern Strom.
Dass ich, wenn ich von dem Hügel
Laufend lechze
mich zu betten in die Kühle,
noch im letzten Sprung mich fange
auf der Brücke
zwischen Ufern, zwischen Tagen
überm Glanze Deines Golds.

*

Senhor das noites – ["Noite em noites"]
negro-ouro
brilhas à noite, desde o rio
quando corro pelo morro
e correndo eu desejo
deitar lá fora, ao ar puro.

Senhor das noites – ["Dia em dias"]
impaciente
aguardo teu sonho e a noite.
Os dias se somam
numa sequência
que cada noite implode.

Senhor das noites –
cria pontes
entre as margens, sobre o rio.
Quando eu corro pelo morro
e correndo eu desejo
deitar lá fora, ao ar puro
me pego no último pulo
sobre a ponte
entre margens, entre dias
sobre o brilho do teu ouro.

(*d*) *Terceira versão*:
Poemas 2, junho de 1950, folha sem numeração, original manuscrito.

Versão completa:

> Tag in Tagen –
> Voller Unduld
> harr' ich Deines Traums : der Nacht.
> Tag an Tag
> reiht sich zur Kette.
> die doch jeder Abend sprengt.
>
> Nacht in Nächten –
> Dunkelgolden
> glänzt Du abends aus dem Strome,
> wenn ich von dem Hügel
> laufend lechze,
> mich zu betten in die Kühle.
>
> Herr der Nächte –
> Schlag die Brücke
> von den Ufern übern Strom.
> Dass ich,
> wenn ich von dem Hügel
> laufend lechze
> mich zu betten in die Kühle,
> noch im letzten Sprung mich fange,
> auf der Brücke,
> zwischen Ufern,
> zwischen Tagen,
> überm Glanze Deines Golds.
>
> *
>
> Dia em dias –
> impaciente
> aguardo teu sonho: a noite.
> Os dias se somam
> numa sequência
> que cada noite implode.

Noite em noites –
negro-ouro
brilhas à noite, desde o rio
quando corro pelo morro
e correndo eu desejo
deitar lá fora, ao ar puro.

Senhor das noites –
cria pontes
entre as margens, sobre o rio.
Quando eu corro
pelo morro
e correndo eu desejo
deitar lá fora, ao ar puro
me pego no último pulo
sobre a ponte
entre margens,
entre dias
sobre o brilho do teu ouro.

(*e*) *Impressões anteriores*:
Correspondência Arendt-Blücher, p. 151-152 (versão *b*).
Ensaio de Barbara Hahn, última estrofe, p. 81 (versão *b*).

[31] [**Sem título**] *Sou somente um pequeno ponto...*
(*a*) *Impresso aqui a partir de*:
Poemas 2, agosto de 1947, folha sem numeração, original datilografado: única versão.

(*b*) *Impressões anteriores*:
Inédito.

[32] [**Sem título**] *Isto foi o adeus...*
(*a*) *Impresso aqui a partir de*:
Poemas 2, setembro de 1947, folha sem numeração, original datilografado: única versão.

(*b*) *Impressões anteriores*:
Inédito.

[33] [**Sem título**] *Místico-sóbrio, sóbrio-místico...*
(*a*) *Impresso a partir de*:
Correspondência Arendt-Broch, p. 89, 30 de dezembro de 1948: única versão.

> Comentário:
> Segundo a ordem cronológica, o poema deveria entrar na posição 35, após "[Sem título] O *dia nos leva incessante para longe de quem...*". Já que Arendt, no entanto, escreveu à mão os poemas 34 e 35, um sob o outro, e ambos relacionam-se na forma e no conteúdo, optou-se aqui, excepcionalmente, por ferir a ordem cronológica.

[34] [**Sem título**] *O dia nos leva incessante para longe de quem...*
(*a*) *Impresso aqui a partir de*:
Poemas 2, setembro de 1948, folha sem numeração, original manuscrito: única versão.

(*b*) *Impressões anteriores*:
Inédito.

[35] [**Sem título**] *Mas às vezes ele emerge, o mais familiar, abre...*
(*a*) *Impresso aqui a partir de*:
Poemas 2, julho de 1950, folha sem numeração, original manuscrito: única versão.

(*b*) *Impressões anteriores*:
Inédito.

[36] [**Sem título**] *Rios sem pontes...*
Impresso a partir de:
Catálogo Hannah Arendt e a poesia, p. 54, primeiro semestre de 1950: única versão.

> Comentário:
> Trata-se do começo de um poema que Hannah Arendt anotou à mão na encadernação de uma edição do diário de guerra *Irradiações* [*Strahlungen*], de Ernst Jünger. Hannah Arendt recebeu o livro de presente de um jovem médico, Johannes Zilkens, durante sua primeira viagem à Alemanha após a emigração. A dedicatória de Zilkens data de 27-28 de fevereiro de 1950, Colônia. Ver

comentário no Catálogo *Hannah Arendt e a poesia* (Hahn, Barbara): "Überliefern: Ernst Jünger", p. 54-56.

[37] [**Sem título**] *É isto o que somos...*
(*a*) *Impresso aqui a partir de*:
Poemas 3, fevereiro de 1951, folha sem numeração, original manuscrito: única versão.

(*b*) *Impressões anteriores*:
Diário filosófico, volume 1, caderno 3, entrada 7, p. 60.

[38] [**Sem título**] *Imensurável, amplo, só,.../ Vem e mora...*
(*a*) *Impresso aqui a partir de*:
Poemas 4, 1951, Folha 022958, original datilografado: segunda versão.

(*b*) *Primeira versão*:
Poemas 3, maio e junho de 1951, caderno 4, folha sem numeração, original manuscrito.
Hannah Arendt escreveu no manuscrito (b):
– Parte 1: "Imensurável, amplo só...", em maio de 1951.
– Parte 2: "Vem e mora...", em junho de 1951.
Na versão datilografada (a), ela uniu as duas partes e as numerou I e II.
– A Parte 1 do manuscrito (b) é idêntica à da versão datilografada (a): alterações apenas na pontuação.
– A Parte 2 do manuscrito (b) revela uma variação em comparação à da versão datilografada (a) [estrofe 1, verso 4]:

> dass der Wellen Weite noch zum Haus/Raum sich schliesst.
>
> *
>
> para que o amplo das ondas em casa/no espaço se feche.

(*c*) *Impressões anteriores*:
Biografia de Young-Bruehl, edição americana, Apêndice, p. 487-488 (versão *a*).
Diário filosófico, volume 1, caderno 4, entrada 9, p. 89-90, e entrada 14, p. 91-92 (versão *b*).
Ensaio de Barbara-Hahn, segunda parte, p. 92-93 (versão *b*).

[39] [**Sem título**] *Vêm a mim os pensamentos...*
(*a*) *Impresso aqui a partir de*:
Poemas 4, 1951, Folha 022959, original datilografado: segunda versão.

(*b*) *Primeira versão*:
Poemas 3, junho de 1951, caderno 4, folha sem numeração, original manuscrito.
O manuscrito (b) é idêntico à versão datilografada (a), exceto o quarto verso. Variações no manuscrito (b):

> wie ein gepflügtes/bebautes Feld.
>
> *
>
> feito terra lavrada/semeada.

(*c*) *Impressões anteriores*:
Biografia de Young-Bruehl, edição alemã, p. 315 (versão *a*).
Biografia de Young-Bruehl, edição americana, Apêndice, p. 488 (versão *a*).
Diário filosófico, volume 1, caderno 4, entrada 13, p. 91 (versão *b*).

[40] **H. B.**
(*a*) *Impresso aqui a partir de*:
Poemas 4, 1951, Folha 022959, original datilografado: segunda versão.

(*b*) *Primeira versão*:
Poemas 3, junho de 1951, caderno 4, folha sem numeração, original manuscrito.
O manuscrito (b) contém as seguintes variações:
– Estrofe 1, verso 2:

> ... "gibt es den/wo ist der" Laut...
>
> *
>
> ... "e há o/qual é o" som...

– Estrofe 1, verso 3:

> ... "und/wie" die Gebärde...
>
> *
>
> ... "e/qual é" o gesto

– Estrofe 2, verso 3:

> ... was "macht/hilft", dass sie uns...
>
> *
>
> ... o que "faz/adianta", que ela nos...

Discrepância entre o manuscrito (b) e a versão datilografada (a):
– A versão manuscrita (b) possui o título "Sobreviver" [*Überleben*].
– Variações na pontuação entre manuscrito (b) e versão datilografada (a).

(*c*) *Impressões anteriores*:
Biografia de Young-Bruehl, edição americana, Apêndice, p. 488 (versão *a*).
Diário filosófico, volume 1, caderno 4, entrada 15, p. 91 (versão *b*).
Correspondência Arendt-Broch, p. 165 (versão *b*).

> Comentário:
> "H. B." são as iniciais do poeta e escritor Hermann Broch, amigo de Hannah Arendt. Cf. Correspondência Arendt-Broch. Arendt escreveu vários ensaios sobre a obra de Broch:
> – "Não mais e ainda não: 'A morte de Virgílio', de Hermann Broch" (1946);
> – "Hermann Broch e o romance moderno" (1949);
> – "Introdução" aos volumes 6 e 7, editados por ela, no quadro das *Obras completas* de Hermann Broch (Zurique: Rhein-Verlag, 1955).
>
> Todos os ensaios foram reproduzidos na Correspondência Arendt-Broch.
> Cf. comentário em Diário filosófico: volume 2, caderno 4, entrada 11, p. 941, e entrada 15, p. 941-942.

[41] [**Sem título**] *Ah, o tempo...*
(*a*) *Impresso aqui a partir de*:
Poemas 4, 1951, Folha 022960, original datilografado: segunda versão.

(*b*) *Primeira versão*:
Poemas 3, agosto de 1951, caderno 5, folha sem numeração, original manuscrito.
O manuscrito (b) é idêntico à versão datilografada (a).

(c) *Impressões anteriores*:
Diário filosófico, volume 1, caderno 5, entrada 23, p. 119 (versão *b*).
Ensaio de Barbara Hahn, p. 84 (versão *b*).

[42] [**Sem título**] *Só a quem se ergue e voa na queda...*
(a) *Impresso aqui a partir de*:
Poemas 4, 1952, Folha 022960, original datilografado: segunda versão.
A versão datilografada contém a seguinte variante manuscrita [estrofe 2, verso 2]:

> hält noch den Abgrund bereit
>
> *
>
> mantém o abismo pronto

(b) *Primeira versão*:
Poemas 3, março de 1952, caderno 8, folha sem numeração, original manuscrito.
Hannah Arendt escreveu o poema à mão duas vezes sucessivamente, sem riscar nada. Ambas as versões são idênticas à versão datilografada.

(c) *Impressões anteriores*:
Diário filosófico, volume 1, caderno 8, entrada 20, p. 192 (versão *b*).

[43] [**Sem título**] *Em suas águas foram dois anos...*
(a) *Impresso aqui a partir de*:
Poemas 3, março de 1952, caderno 8, folha sem numeração, original manuscrito: única versão.

(b) *Impressões anteriores*:
Diário filosófico, volume 1, caderno 8, entrada 24, p. 194.

[44] **Viagem pela França**
(a) *Impresso aqui a partir de*:
Poemas 4, 1952, Folha 022961, original datilografado: terceira versão.

(b) *Primeira versão*:
Poemas 3, abril de 1952, caderno 8, folha sem numeração, original manuscrito.

A versão manuscrita (b) contém duas variantes para o último verso:

> (in dem Spiel der herrlichsten Gewalt.)
> spielend in das Spiel der Ur-Gewalt.
>
> *
>
> (bem no jogo da força suprema.)
> jogando o jogo da força primeira.

(c) *Segunda versão*:
Correspondência Arendt-Blücher, carta de 1 de maio de 1952: "Hannah Arendt a Heinrich Blücher", p. 258.
Hannah Arendt adota uma variante da versão manuscrita (b) para o último verso:

> in dem Spiel der herrlichsten Gewalt.
>
> *
>
> bem no jogo da força suprema.

Correspondência Arendt-Blücher, carta de 10 de maio de 1952: "Heinrich Blücher a Hannah Arendt", p. 264.
Heinrich Blücher sugere as seguintes variantes:
– Variante para o último verso:

> im spiel der sanften allgewalt
>
> *
>
> no jogo da força amena

– Variante para a estrofe 2, versos 3 e 4:

> himmel blaut und grüßt gelinde
> sonne spinnt die sanfte Ketten
>
> *
>
> azula o céu e acena calmo
> e o sol traça linhas largas.

(d) *Impressões anteriores*:
Biografia de Young-Bruehl, edição alemã, p. 368-369 (versão *a*).

Biografia de Young-Bruehl, edição americana, Apêndice, p. 488-489 (versão *a*).
Correspondência Arendt-Blücher, p. 258 e 264 (versão *c*).
Diário filosófico, volume 1, caderno 8, entrada 30, p. 197 (versão *b*).

[45] Com uma coisa
(*a*) *Impresso aqui a partir de*:
Poemas 4, 1952, Folha 022961, original datilografado: segunda versão.

(*b*) *Primeira versão*:
Poemas 3, maio de 1952, caderno 9, folha sem numeração, original manuscrito.
Discrepância entre a versão manuscrita (b) e a versão datilografada (a):
– A versão manuscrita (b) não tem título.
– As letras iniciais das primeiras palavras dos primeiros versos estão em maiúsculas na versão manuscrita (b).

(*c*) *Impressões anteriores*:
Diário filosófico, volume 1, caderno 9, entrada 5, p. 205 (versão *b*).

[46] [Sem título] O excesso, suportá-lo...
(*a*) *Impresso aqui a partir de*:
Poemas 3, março de 1952, caderno 9, folha sem numeração, original manuscrito: única versão.

(*b*) *Impressões anteriores*:
Diário filosófico, volume 1, caderno 9, entrada 9, p. 206.

[47] [Sem título] O resto do dia...
(*a*) *Impresso aqui a partir de*:
Poemas 3, março de 1952, caderno 11, folha sem numeração, original manuscrito: única versão.

(*b*) *Impressões anteriores*:
Diário filosófico, volume 1, caderno 11, entrada 16, p. 265.

[48] Túmulo de B.
(*a*) *Impresso aqui a partir de*:
Poemas 4, 1952, Folha 022962, original datilografado: segunda versão.

(b) *Primeira versão*:
Poemas 3, 1 de novembro de 1952, caderno 11, folha sem numeração, original manuscrito: primeira versão.
A versão manuscrita (b) possui duas estrofes, a versão datilografada (a), três.

Versão completa:

> Brochs Grab
>
> Auf dem Hügel unter dem Baum
> Zwischen sinkender Sonne und steigendem Mond
> Hängt Dein Grab,
>
> Schwingt sich ein in das Totsein
> in das Sinken der Sonne,
> in das Steigen des Monds.
> Unter dem Himmel
> über der Erde
> vom Himmel herab
> zum Himmel hinan
> Ruht Dein Grab.
>
> *
>
> Túmulo de B.
>
> No alto do morro, à sombra da árvore
> entre o sol que cai e a lua que sobe
> pende o teu túmulo.
>
> Vibra rente com a morte
> com o cair do sol
> com o subir da lua.
> Embaixo do céu
> em cima da terra
> do céu descendo
> ao céu subindo
> jaz o teu túmulo.

(c) *Impressões anteriores*:
Diário filosófico, volume 1, caderno 11, entrada 17, p. 265 (versão *b*).

Comentário:
Sobre Hermann Broch, cf. comentário ao Poema 40, "H. B.". A datação de "Túmulo de B" permite concluir que Hannah Arendt visitou o túmulo de Broch no cemitério de Killingworth no dia 1 de novembro de 1952, depois que ela participou de uma celebração de abertura do Arquivo-Broch na Yale University, em New Haven. Cf. também o comentário no *Diário filosófico*, volume 2, caderno 11, entrada 17, p. 992.

[49] [**Sem título**] *Notícia alguma...*
(*a*) *Impresso aqui a partir de*:
Poemas 4, 1952, Folha 022962, original datilografado: segunda versão.
Essa última versão deve ter surgido ao copiar, em 1954, a versão à máquina.

(*b*) *Primeira versão*:
Poemas 3, novembro de 1952, caderno 12, folha sem numeração, original manuscrito.
A versão manuscrita (b) possui uma estrofe a mais do que a versão datilografada (a).

Versão completa:

> Und keine Kunde
> von jenen Tagen,
> die ineinander
> sich brennend verzehrten
> und uns versehrten
> (des Glückes Wunde
> wird Stigma, nicht Kunde).
>
> Davon wär keine Kunde,
> II_____
> Wenn nicht Dein Sagen
> ihm Bleiben gewährte
> (gedichtetes Wort
> Ist Stätte, nicht Hort),
>
> Wenn nicht das Gesichtete
> im Leiden Verdichtete,

wenn nicht das Gedankte
in Lauten Verrankte
erst dichtend gesprochen,
dann singend gesonnen –
dem Leiden entronnen –
ins Bleiben gefügt wär/ward.

*

Notícia alguma
daqueles dias
que se consumiam
em chamas
e nos feriam
(a ferida da alegria
não vira cicatriz, mas estigma.)

Notícia alguma haveria,
II_____
não fosse a tua fala
a estancar o tempo
(palavra poética
não é lar, é lugar.)

Se não o avistado
na dor poetizado,
se não o pensado
em som elevado
em poema é dito
e em canto pensado –
ao sofrer evadido –
seria/foi levado a ficar.

(*c*) *Impressões anteriores*:
Diário filosófico, volume 1, caderno 12, entrada 25, p. 289 (versão *b*).

[50] **Palenville**
(*a*) *Impresso aqui a partir de*:
Poemas 4, 1953, Folha 022963, original datilografado: segunda versão.

(b) *Primeira versão*:
Poemas 3, agosto de 1953, caderno 17, folha sem numeração, original manuscrito.
O poema foi escrito três vezes à mão, e as duas primeiras foram riscadas. A terceira versão manuscrita (b) é idêntica à versão datilografada (a).

(c) *Impressões anteriores*:
Diário filosófico, volume 1, caderno 17, entrada 27, p. 419 (versão *b*).

> Comentário:
> Palenville é uma localidade ao pé das Catskill Mountains, no estado norte-americano de New York. Arendt passava ali os meses de verão da década de 1950 com Heinrich Blücher.

[51] [**Sem título**] O *poema espesso adensa...*
(a) *Impresso aqui a partir de*:
Poemas 4, 1953, Folha 022963, original datilografado: segunda versão.

(b) *Primeira versão*:
Poemas 3, agosto de 1953, caderno 18, folha sem numeração, original manuscrito.
Discrepâncias entre o manuscrito (b) e a versão datilografada (a):
– Na versão manuscrita (b), as letras iniciais das palavras no começo dos versos são maiúsculas;
– O último verso da versão manuscrita (b) é:

> Weis' der Welt das dichte Innen.
>
> *
>
> Mostra ao mundo o dentro denso.

(c) *Impressões anteriores*:
Diário filosófico, volume 1, caderno 18, entrada 3, p. 424 (versão *b*).

[52] **Centauro (A propósito da Teoria da Alma de Platão)**
(a) *Impresso aqui a partir de*:
Poemas 4, 1953, Folha 022963, original datilografado: segunda versão.

(b) *Primeira versão*:
Poemas 3, setembro de 1953, caderno 18, folha sem numeração, original manuscrito.
Discrepâncias entre o manuscrito (b) e a versão datilografada (a):
– Na versão manuscrita (b) não consta o adendo do título da versão datilografada (a): "(A propósito da Teoria da Alma de Platão)".
– Variações na pontuação entre as duas versões.

(c) *Impressões anteriores*:
Diário filosófico, volume 1, caderno 18, entrada 21, p. 436 (versão *b*)

[53] [**Sem título**] *Vem o Antigo e mais uma vez te escolta...*
(a) *Impresso aqui a partir de*:
Poemas 3, setembro de 1953, caderno 19, folha sem numeração, original manuscrito: única versão.

(b) *Impressões anteriores*:
Diário filosófico, volume 1, caderno 19, entrada 4, p. 452.

[54] [**Sem título**] *A Terra eu amo...*
(a) *Impresso aqui a partir de*:
Poemas 4, 1954, Folha 022964, original datilografado: segunda versão.

(b) *Primeira versão*:
Poemas 3, janeiro de 1954, caderno 19, folha sem numeração, original manuscrito.
O poema foi escrito três vezes à mão e as duas primeiras foram riscadas. A terceira versão manuscrita (b) é idêntica à versão datilografada (a).

(c) *Impressões anteriores*:
Diário filosófico, volume 1, caderno 19, entrada 29, p. 466 (versão *b*).

[55] [**Sem título**] *Brilha o claro...*
(a) *Impresso aqui a partir de*:
Poemas 3, fevereiro de 1954, caderno 19, folha sem numeração, original manuscrito: única versão.

(b) *Impressões anteriores*:
Diário filosófico, volume 1, caderno 19, entrada 42, p. 472.

[56] [**Sem título**] *Terra úmida...*
(*a*) *Impresso aqui a partir de*:
Poemas 4, 1954, Folha 022965, original datilografado: segunda versão.

(*b*) *Primeira versão*:
Poemas 3, março de 1954, caderno 20, folha sem numeração, original manuscrito.
A versão manuscrita (b) e a versão datilografada (a) são idênticas.

(*c*) *Impressões anteriores*:
Diário filosófico, volume 1, caderno 20, entrada 3, p. 478 (versão *b*).

[57] **Blumenfeld faz 70 anos**
Impresso a partir de:
Correspondência Arendt-Blumenfeld, p. 99-102, 24 de maio de 1954: única versão.

> Comentário:
> A amizade de Arendt com o sionista Kurt Blumenfeld foi de caráter sobretudo político. Ele foi o primeiro a introduzi-la na questão judaica, confrontando-a, entre outras, também com a questão da assimilação. Ele marcou de forma decisiva seu pensamento de juventude. Ver também Nordmann, Ingeborg. "Eine Freundschaft auf des Messers Schneide" (*In*: *Arendt/Blumenfeld Briefwechsel*. Org.: Ingeborg Nordmann; Iris Pilling. Hamburgo: Rotbuch-Verlag, 1995. p. 349-373).

[58] [**Sem título**] *Um garoto e uma garota...*
(*a*) *Impresso aqui a partir de*:
Poemas 3, agosto de 1954, caderno 20, folha sem numeração, original manuscrito: única versão.

(*b*) *Impressões anteriores*:
Diário filosófico, volume 1, caderno 20, entrada 30, p. 494.

[59] **A doutrina das cores de Goethe**
(*a*) *Impresso aqui a partir de*:
Poemas 3, agosto de 1954, caderno 20, folha sem numeração, original manuscrito: única versão.

(b) *Impressões anteriores*:
Diário filosófico, volume 1, caderno 20, entrada 33, p. 496.

[60] [**Sem título**] *Este livro acena longe...*
(a) *Impresso aqui a partir de*:
Poemas 3, outubro de 1954, caderno 20, folha sem numeração, original manuscrito: única versão.

(b) *Impressões anteriores*:
Diário filosófico, volume 1, caderno 20, entrada 41, p. 502.

[61] **Austera doçura**
(a) *Impresso aqui a partir de*:
Poemas 3, maio de 1955, caderno 21, folha sem numeração, original manuscrito: única versão.

(b) *Impressões anteriores*:
Diário filosófico, volume 1, caderno 21, entrada 39, p. 530-531.

[62] [**Sem título**] *Meu coração é assim:...*
(a) *Impresso aqui a partir de*:
Poemas 3, janeiro de 1956, caderno 22, folha sem numeração, original manuscrito: única versão.

(b) *Impressões anteriores*:
Diário filosófico, volume 1, caderno 22, entrada 1, p. 561.

[63] [**Sem título**] *Felicidade é ferida...*
(a) *Impresso aqui a partir de*:
Poemas 3, janeiro de 1956, caderno 22, folha sem numeração, original manuscrito: única versão.

(b) *Impressões anteriores*:
Diário filosófico, volume 1, caderno 22, entrada 2, p. 561-562.

[64] **Holanda**
(a) *Impresso aqui a partir de*:
Correspondência Arendt-Blücher, carta de 9 de outubro de 1956: "Hannah Arendt a Heinrich Blücher": segunda versão.

(b) *Primeira versão*:
Poemas 3, 1-4 de outubro de 1956, caderno 22, folha sem numeração, original manuscrito.
A versão manuscrita (b) é idêntica à versão impressa na Correspondência Arendt-Blücher (a).

(c) *Impressões anteriores*:
Correspondência Arendt-Blücher, p. 444 (versão *a*).
Diário filosófico, volume 1, caderno 22, entrada 15, p. 567 (versão *b*).

[65] [**Sem título**] *Antes, ao bater, meu coração atravessava...*
(a) *Impresso aqui a partir de*:
Poemas 3, 6 de novembro de 1956, caderno 22, folha sem numeração, original manuscrito: única versão.

(b) *Impressões anteriores*:
Diário filosófico, volume 1, caderno 22, entrada 17, p. 568.

[66] [**Sem título**] *Te vejo apenas...*
(a) *Impresso aqui a partir de*:
Poemas 3, final de 1957, caderno 22, folha sem numeração, original manuscrito: única versão.

(b) *Impressões anteriores*:
Diário filosófico, volume 1, caderno 22, entrada 37, p. 584.

[67] [**Sem título**] *Do desconhecido, conhecida,...*
(a) *Impresso aqui a partir de*:
Poemas 3, começo de 1958, caderno 22, folha sem numeração, original manuscrito: única versão.

(b) *Impressões anteriores*:
Diário filosófico, volume 1, caderno 22, entrada 49, p. 594.

[68] [**Sem título**] *Desmoronai, horizontes,...*
(a) *Impresso aqui a partir de*:
Poemas 3, agosto de 1958, caderno 23, folha sem numeração, original manuscrito: única versão.

(b) *Impressões anteriores*:
Diário filosófico, volume 1, caderno 23, entrada 1, p. 599.

[69] [**Sem título**] *Erguida em voo a queda...*
(a) *Impresso aqui a partir de*:
Poemas 3, 1959, caderno 23, folha sem numeração, original manuscrito: única versão.

(b) *Impressões anteriores*:
Diário filosófico, volume 1, caderno 23, entrada 13, p. 609.

[70] **Morte de Erich Neumann**
(a) *Impresso aqui a partir de*:
Poemas 3, 30 de novembro de 1960, caderno 23, folha sem numeração, original manuscrito: única versão.

(b) *Impressões anteriores*:
Diário filosófico, volume 1, caderno 23, entrada 15, p. 613.

> Comentário:
> Erich Neumann foi um amigo de Hannah Arendt dos tempos de estudo em Heidelberg. Desde os anos 1930, ele dirigia um consultório psicanalítico em Tel Aviv. É autor do volume *Ursprungsgeschichte des Bewusstseins* [História da origem da consciência], Zurique, 1949. Ver também o comentário de Ursula Ludz e Ingeborg Nordmann: *Diário filosófico*, volume 2, caderno 23, entrada 15, p. 1092.

[71] [**Sem título**] *Então correrei, como outrora corria...*
(a) *Impresso aqui a partir de*:
Poemas 3, janeiro de 1961, caderno 23, folha sem numeração, original manuscrito: única versão.

(b) *Impressões anteriores*:
Diário filosófico, volume 1, caderno 23, entrada 16, p. 613-614.

Índice dos poemas*

Poemas 1923-1926, 15 • [1] Palavra alguma ilumina..., 17 • [2] Em tom de cantiga popular, 19 • [3] Consolo, 21 • [4] Sonho, 23 • [5] Cansaço, 25 • [6] O metrô, 27 • [7] Despedida, 29 • [8] Percorro os dias sem rumo..., 31 • [9] A..., 33 • [10] Felicidade..., 35 • [11] Crepúsculo, 37 • [12] Absorta em si, 39 • [13] Canção de verão, 41 • [14] Por que me estendes a mão..., 43 • [15] Despedida, 45 • [16] Fim de verão, 47 • [17] Outubro – De manhã, 49 • [18] Lamento, 51 • [19] Aos amigos, 53 • [20] À noite, 55 • [21] Canção noturna, 57 • **Poemas 1942-1961**, 59 • [22] W. B., 61 • [23] Justiça e Liberdade..., 63 • [24] Enfim emergindo do lago estagnado do passado..., 65 • [25] Parque junto ao rio Hudson, 67 • [26] A tristeza é como uma luz em nosso peito acesa..., 69 • [27] Sei que as ruas foram destruídas..., 71 • [28] Sonho, 73 • [29] Maldição..., 75 • [30] Senhor das noites..., 77 • [31] Sou somente um pequeno ponto..., 79 • [32] Isto foi o adeus..., 81 • [33] Místico-sóbrio, sóbrio-místico..., 83 • [34] O dia nos leva incessante para longe de quem..., 85 • [35] Mas às vezes ele emerge, o mais familiar, abre..., 87 • [36] Rios sem pontes..., 89 • [37] É isto o que somos..., 91 • [38] Imensurável, amplo, só,/ Vem e mora..., 93 • [39] Vêm a mim os pensamentos..., 95 • [40] H. B., 97 • [41] Ah, o tempo..., 99 • [42] Só a quem se ergue e voa na queda..., 101 • [43] Em suas águas foram dois anos..., 103 • [44] Viagem pela França, 105 • [45] Com uma coisa, 107 • [46] O excesso, suportá-lo..., 109 • [47] O resto do dia..., 111 • [48] Túmulo de B., 113 • [49] Notícia alguma..., 115 • [50] Palenville, 117 • [51] O poema espesso adensa..., 119 • [52] Centauro (A propósito da Teoria da Alma de Platão), 121 • [53] Vem o Antigo e mais uma vez te escolta..., 123 • [54] A Terra eu amo..., 125 • [55] Brilha o claro..., 127 • [56] Terra úmida..., 129 • [57] Blumenfeld faz 70 anos, 131 • [58] Um garoto e uma garota..., 137 • [59] A doutrina das cores de Goethe, 139 • [60] Este livro acena longe..., 141 • [61] Austera doçura, 143 • [62] Meu coração é assim:..., 145 • [63] Felicidade é ferida..., 147 • [64] Holanda, 149 • [65] Antes, ao bater, meu coração atravessava..., 151 • [66] Te vejo apenas..., 153 • [67] Do desconhecido, conhecida,..., 155 • [68] Desmoronai, horizontes,..., 157 • [69] Erguida em voo a queda..., 159 • [70] Morte de Erich Neumann, 161 • [71] Então correrei, como outrora corria..., 163

---

* As reticências que acompanham alguns títulos indicam que, originalmente, os respectivos poemas não foram intitulados. Optou-se, assim, por identificá-los com seus primeiros versos.

© Relicário Edições, 2023
© Hannah Arendt Bluecher Literary Trust, c/o Georges Borchardt Inc., Nova Iorque, 2015
© Piper Verlag GmbH, Munique/Berlim, 2015
© Ensaio "Über Hannah Arendts Gedichte": Irmela von der Lühe, 2015

Dados Internacionais de Catalogação na Publicação (CIP) de acordo com ISBD

A681t

Arendt, Hannah

Também eu danço: Poemas (1923-1961) / Hannah Arendt ; traduzido por Daniel Arelli. – Belo Horizonte : Relicário, 2023.
232 p. ; 13cm x 21cm.

Tradução de: Ich selbst, auch ich tanze: Die Gedichte
ISBN: 978-65-89889-63-2

1. Literatura alemã. 2. Poesia. 3. Hannah Arendt. I. Arelli, Daniel. II. Título.

	CDD 831
2023-484	CDU 821.112.2-1

COORDENAÇÃO EDITORIAL Maíra Nassif Passos
EDITOR-ASSISTENTE Thiago Landi
PROJETO GRÁFICO, CAPA & DIAGRAMAÇÃO Ana C. Bahia
PREPARAÇÃO Maria Fernanda Moreira
REVISÃO Thiago Landi

A tradução deste trabalho foi financiada com o apoio do Goethe-Institut.

/re.li.cá.rio/

Rua Machado, 155, casa 1, Colégio Batista | Belo Horizonte, MG, 31110-080
contato@relicarioedicoes.com | www.relicarioedicoes.com
@relicarioedicoes /relicario.edicoes

1ª edição [abr. 2023]
1ª reimpressão [fev. 2024]

Esta obra foi composta em FreightSans Pro
e FreightText Pro e impressa sobre papel
Chambril Avena 80g/m² para a Relicário Edições.